青少年应对突发事件心理疏导手册

张小燕◎主编

主　　编：张小燕

编写人员：王　宏　王红茹　杜　鹃　李秀芳
（按姓氏笔画排列）
沈宇珍　张　帅　张　敏　姚娟芳
郭　慧　席岁月　梁建梅　葛珊珊
韩　锐　温金莲　温金梅

希望出版社

图书在版编目（CIP）数据

携手走过青春：青少年应对突发事件心理疏导手册 / 张小燕主编 . — 太原：希望出版社，2020.10

ISBN 978-7-5379-8401-0

Ⅰ . ①携… Ⅱ . ①张… Ⅲ . ①青少年 – 突发事件 – 心理疏导 – 手册 Ⅳ . ① B844.2-62

中国版本图书馆 CIP 数据核字（2020）第 116318 号

携手走过青春：青少年应对突发事件心理疏导手册　　**张小燕　主编**

XIE SHOU ZOU GUO QING CHUN：QINGSHAONIAN YINGDUI TUFASHIJIAN XINLISHUDAO SHOUCE

出 版 人：孟绍勇　　**排　　版：**博雅图文
责任编辑：秦　捷　靳金龙　　**美术编辑：**郭丽娟
复　　审：扆源雪　　**终　　审：**刘志屏
内文插图：张宏亮　　**印制总监：**刘一新　杨　炜
装帧设计：尚书堂

出版发行：希望出版社
地　　址：山西省太原市建设南路 21 号
开　　本：880mm × 1230mm　1/32　　**印　　张：**7
版　　次：2020 年 10 月第 1 版　　**印　　次：**2020 年 10 月第 1 次印刷
印　　数：1–5000 册　　**印　　刷：**山西新华印业有限公司

标准书号：ISBN 978-7-5379-8401-0　　**定　　价：**30.00 元

序言

突发事件因其突发、不可预测等特征必然会引发个体和群体心理危机和心理应激反应，如恐惧、焦虑、疑病、强迫、绝望、麻木不仁、急性应激障碍、创伤后应激障碍（PTSD）、适应性障碍等。由于儿童青少年生理发育迅速，而心理发育相对滞后，身心发展处于不平衡的矛盾阶段，他们在自我意识、心理过程与人格发展逐渐提高和完善的同时，社会经验不足，认知能力、思维方式、人格特点尚不成熟，并且其身心和社会发展过程本身就面临一系列的心理危机，因此，当面临突发事件时，青少年的身心更容易受到冲击。习总书记曾寄语青少年：少年强青年强则中国强。为了帮助青少年应对突发事件并最低限度地减少突发事件对他们造成的心理伤害，对突发事件情境下的青少年进行及时、有效、合理的心理疏导显得非常重要。

庚子新春，疫情肆虐。为了提高青少年突发事件的应对能力，为了促进青少年的身心健康，希望出版社联合山西省心理卫生协会青少年心理卫生专业委员会编写《携手走过青春——青少年应对突发事件心理疏导手册》。

编写人员由中小学、中职、高校的心理老师和心理专家组成。该手册的心理干预和心理疏导宗旨：维护和促进青少年身心健康，提高应对突发事件能力；通过心理疏导缓解青少年面对突发事件时的紧张、焦虑、悲观、抑郁等情绪；调动青少年的主观能动性，树立其战胜危机的信心；帮助青少年适应突发事件对生活和学习带来的影响；指导青少年主动寻求支持系统和建立良好的人际关系；指导青少年树立正确的世界观、人生观、价值观和职业生涯观；帮助青少年树立和激发深厚的家国情怀及和谐的自然生态理念；帮助其进行危机后的心理重建。

该手册主要分为突发应对、情绪管理、人际交往、生活学习、生涯规划、生命教育、家国情怀、生态自然八个板块。为了增加该手册的指导性、可读性、趣味性，我们根据青少年的心理和认知特点，引入了大量的案例、插图、心理测量量表、专家支招等形式，特别适合儿童、青少年及致力于青少年心理健康的家长、班主任、任课教师、思政教师、心理辅导老师阅读。

山西省心理卫生协会青少年心理卫生专业委员会　主任
张小燕
2020 年 5 月

目 录

引 言

“天有不测风云，人有旦夕祸福”。我们先来看一幅图片。如果你遇到这样的突发事件，该如何应对呢？不急，我们先来认识一下突发事件的概念和性质吧！

一、突发事件

突发事件是指突然发生，造成或者可能造成重大人员伤亡、财产损失、生态环境破坏和严重社会危害，危及公共安全的紧急事件。突发事件分为：自然灾害、事故灾难、公共卫生事件和社会安全事件。突发事件具有突发性、复杂性、破坏性、持续性、可控性、机遇性的特征。

突发事件因其突发、不可预测等特征必然会引发个体产生相应的群体心理应激反应，如恐惧、焦虑、疑病、强迫等。这些情绪和行为如不及时干预，则会过度损耗心理能量，降低机体抵抗力，造成疾病易感、心理障碍和群体性心因性反应等一系列问题。

如果你突然遭受严重灾难和突发事件，你可能会处于什么样的心理状态中呢？下面让我们一起认识一下心理危机吧。

二、心理危机

心理危机是指由于突然遭受严重灾难、重大生活事件或精神压力，使生活状况发生明显的变化，尤其是出现了用现有的生活条件和经验难以克服的困难，以致当事人陷于痛苦、不安状态，常伴有绝望、麻木不仁、焦虑及自主神经系统症状和行为障碍。

常见的心理危机有：急性应激反应、创伤后应激障碍（PTSD）、持久性心因反应和适应性障碍等。

在突发事件的影响下，你除了要调动自己的积极资源应对突发事件，还可能要面对各种应激源：突发事件下的升学、考试、人际关系的冲突、生病、环境改变等。下面让我们认识一下心理应激吧。

三、心理应激

心理应激是指个体察觉需求和满足需求的能力不平衡时所表现出的心理紧张状态。

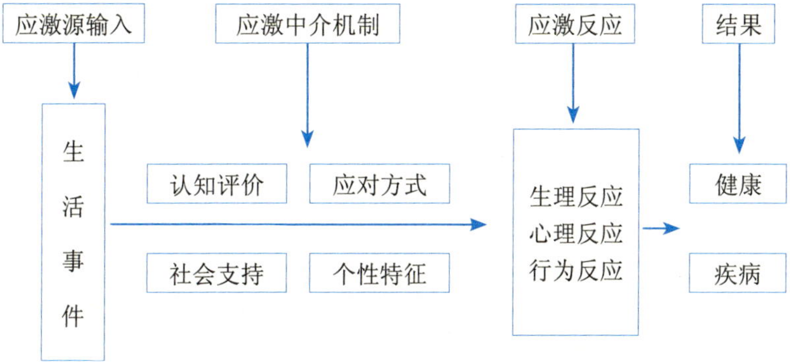

心理应激的过程

心理应激对健康的影响：

（一）心理应激对健康的积极影响

1. 适度的心理应激是人成长和发展的必要条件。研究表明，早年的应激经历有利于提升个体在后来生活中的应对和适应能力，从而能更好地耐受各种紧张性刺激物和致病因素。

2. 适度的心理应激是维持人正常功能活动的必要条件，

还可以提高活动的效率。在关于感觉剥夺的实验中证实，缺乏适度的应激会损害人的身心功能。适当的刺激和心理应激有助于维持人的生理、心理和社会功能，例如适度的应激可以提高应对突发事件的能力，提高考试、评比、检查和比赛前的效率。

3. 适当的心理应激可以锻炼、发展个体的建设性。在应对的过程中有利于培养个体迅速动员防御力量、抵抗应激源侵袭的能力。

（二）心理应激对健康的消极影响

1. 心理应激引起的生理、心理反应可以成为人们身体不适、虚弱和精神痛苦的根源。心理应激可以引起自主神经系统和内分泌系统的变化，出现头痛、乏力、心慌、胃肠不适、全身肌肉胀痛等系统器官组织的症状；急性心理应激状态下可导致眩晕、昏厥等急性反应；慢性心理应激状态下可引起疲劳、头痛、失眠、消瘦和心悸等躯体化症状，称为慢性心理应激综合征。

2. 心理应激可以加重人们已有的精神和躯体疾病或使其复发。心理应激可以降低个体对疾病的抵抗力，而且还会直接影响其症状的构成。如：高血压病人在发生家庭纠纷时病情可能会加重，冠心病病人在看到火灾后的悲惨景象时可能会发生心肌梗死。

心理应激可以造成对疾病的易感状态，在其他因素的共同影响下导致新的疾病。

看一看，识别压力

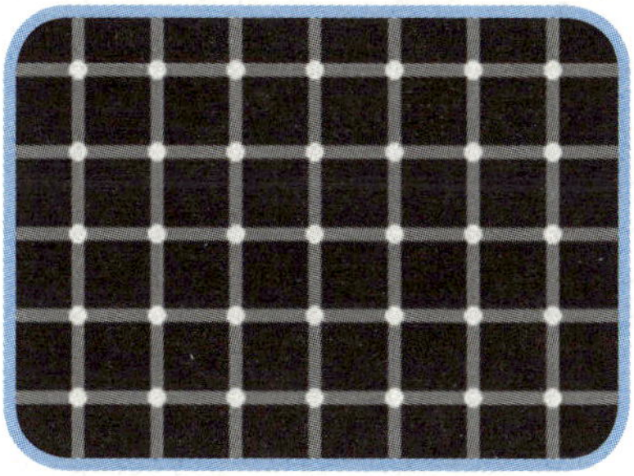

图一 点在动吗？

图二 会有眩晕感吗？

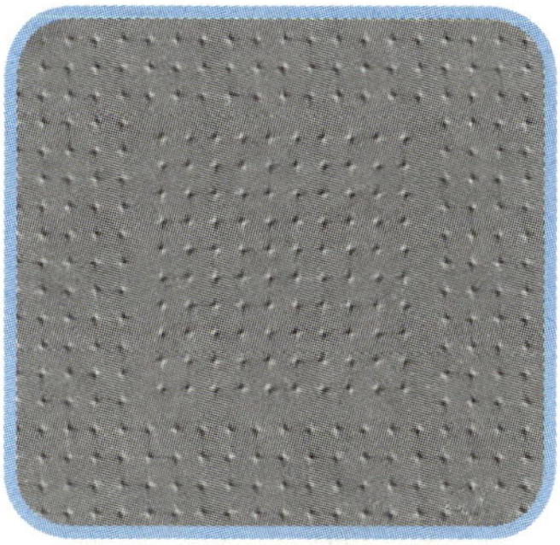

图三 图形在晃动吗？

图四 黑色在扩散吗？

这四幅图都是用来测试人的压力和心理承受力的。专家曾以此测试犯罪嫌疑人的心理承受力。犯罪嫌疑人看到的图片是高速变化的，而大部分的老人和儿童看到的图片则是缓慢变化的。请大家自己做一下测试，看看你的压力和心理承受力有多强，以待自己更好地调整心态。

当我们面对突发事件出现各种心理危机和应激反应时，都是对非正常事件的正常反应。当我们出现适度的焦虑、抑郁、恐慌等负性情绪时，可以促使我们体内的促肾上腺皮质激素和肾上腺皮质激素分泌增多，血糖含量增高，以满足机体能量的需要，有利于机体增强抵抗或逃避损伤的能力。这样一说，你们现在的心情一定放松了好多吧！

当你们遇到突发事件，不知如何面对和调动自己的积极资源时，请跟随我们的心理老师学习“突发应对篇”；

当你们遇到突发事件，过度担心、恐慌、抑郁，不知如何调控情绪时，请跟随我们的心理老师学习“情绪管理篇”；

当你们遇到突发事件，使你们和父母等重要人际关系发生冲突时，请跟随我们的心理老师学习“人际交往篇”；

当你们遇到突发事件，你们因生活、学习节奏被打乱而感到困惑时，请跟随我们的心理老师学习“生活学习篇”；

当你们遇到突发事件，引发了对自己、家人的职业选择、从业价值的思考时，请跟随我们的心理老师学习“生涯规划篇”；

当你们遇到突发事件，面对生命的威胁或生命深陷危重状态而感到无力时，请跟随我们的心理老师学习“生命教育篇”；

当你们遇到突发事件，感受到应对突发事件的善良民众“责任重于泰山”的使命和感人事迹，从而引发思考时，请跟随我们的心理老师学习“家国情怀篇”；

当你们遇到突发事件，知晓突发事件的发生与自然生态的破坏和失衡有关，从而处于困惑和担心时，请跟随我们的心理老师学习“自然生态篇”。

第一章　突发应对篇

第一节　系统论视角下的青少年突发事件应对

青少年期是人生发展的关键时期，是从一个不成熟的自我逐步走向成熟的自我的过程。青少年的大脑处在迅速发展的过程中，功能还没有完全整合，遇到突发事件时，产生心理危机和应激反应会让他们不堪重负、困惑不安，甚至会攻击他人。系统理论认为个体的发展离不开个体自身、家庭和所处社会的共同影响。来自学校、家庭、社会的支持系统的通力合作，会帮助青少年有效应对突发事件，激活他们心理成长的潜能，促进心理韧性的发展。

一、整合资源、主动求助，紧握快乐幸福的钥匙

当遇到突发事件时，我们往往会惊慌失措，容易丧失理

性，进而采取消极的、不理智的行动，降低了应对突发事件的能力。学会利用支持系统，挖掘自己的积极资源和整合社会的各种力量，就有可能掌握生命的主动权！

【案例1】惊魂未定的小亮

踩踏事件发生后，小亮至今惊魂未定。他不能忘记当时的场景：晚自习下课铃响了，同学们蜂拥着出了教室，大家在楼梯上互相打闹着。有一名叫小明的学生在湿滑的楼梯接近拐角处突然倒下了，他旁边的两名同学赶快手拉手，对着后面的同学大声说："有人摔倒了，别靠近。"但是后面的同学以为在开玩笑，不以为然。结果，可怕的事情发生了，几秒钟之内同学们像叠罗汉一样叠在了一起。摔倒后稍稍镇定的小亮用电视上学到的蜷缩体式保护自己，即便这样他也感到身上越来越重的力量。后来老师们来了，疏散了人群。老师拨打了120急救电话，受伤的同学被送往医院。后来证实此次事故中有六名同学不幸身亡，其中有一名同学是小亮的同桌，是他非常要好的朋友。他特别后悔，他说："当时我要是加入到喊话的人群中，告诉后面的同学不要往前挤，也许就不会出现这样惨烈的踩踏事故。"小亮这段时间的心情非常惊恐、悲伤、痛苦和自责。

【心理专家支招】

1. 对于小亮

小亮遇到踩踏这样的突发事件，想到用蜷缩体式保护自己，是一种求生本能被激活的应激反应，也是他的智慧所在。

他亲身经历了这个突发事件，同时逝者中有一名是他的同桌好友，他出现这些心理危机和应激反应是正常反应。所以，对小亮来说，不要过多自责，应该以接纳的心态去面对。因为事态的发展往往是我们个人力量难以控制的。在发生此类突发事件后，我们可以把自己的感受和想法向家人、老师和同学们倾诉，可以主动寻求心理老师的一些帮助，尽快度过这段心理危机期。

2. 对于学校

学校要经常举办预防踩踏和其他突发事件的演练，制定突发事件的应对预案。当突发事件发生后，要尽快组织心理危机干预团队，对同学们进行心理危机干预和心理疏导，尽快让他们恢复平静。学校的心理老师可以通过团体辅导的形式对同学们进行心理危机干预。另外，对逝去的同学，学校可以组织同学们举办纪念活动，引导同学们把悲伤、痛苦、丧失、怀念等情绪表达出来。

3. 对于家长

家长要注重对孩子的温暖陪伴，多倾听他的感受，在倾听的过程中，可以把孩子抱在怀里，让他感到有一种安全感。安全感是人类生存所依赖的最重要的心理基础。给孩子充分的安全感有利于日后创伤的恢复，不至于使孩子的恐惧、悲伤情绪长存心中。

青少年的心理危机干预和心理重建是一个系统工程，及时合理的心理疏导和温暖陪伴，会使青少年的内心得到抚慰，从而走向幸福。

二、合力守护孩子的心灵家园

当孩子们遭遇了突发事件，如果能够及时对他们进行心理抚慰，理解孩子们的感受，支持他们、爱护他们，孩子们就能从创伤的心结中走出来。合力守护孩子的心灵家园，关系到孩子的身心健康！

【案例 2 】受惊吓的玲玲

9 岁的玲玲，终于等到了暑假的来临。可放暑假的这段时间，天公不作美，连续几天不停地下雨，附近河水的水位也不断上涨。但让她怎么也没想到的是：某一天，她们家所在的农贸市场突然遭遇洪水，她和家人们情急之下跑上二楼躲避，但洪水很快淹没一楼，水位升至二楼。瞬间，家中的汽车和各种各样的物品都漂浮起来。洪水退去之后，她看到家人都在疯狂地查看受损的财物，哭声此起彼伏，所有人心情都非常沉重。可大人们只顾抢救家里的财物，忽略了玲玲的存在和感受。后来几天，受到惊吓的玲玲出现了难以入睡、经常从噩梦中惊醒、在梦中尖叫，易被激惹、易发怒的应激反应。

【心理专家支招】

1. 对于玲玲

孩子出现这样的应激反应，应该及时把这种负性情绪表达出来。当大人顾不上的时候，孩子可以选择和自己的同学、布娃娃、宠物进行交流，把这种恐惧、无助的情绪表达出来，不要压抑。同时，一定要选择适当的时机把这种负性情绪向自己的父母、亲人表达出来。他们的一个拥抱、一句安慰的话语会大大缓解和减轻自己的应激反应。另外在家里还可以选择绘画的形式，把自己的情绪用画笔画出来，或者涂鸦也可以。

2. 对于学校

由于处在假期，学校可以通过网络平台发出致家长和学生的公开信，表达学校对受灾同学的关爱和支持。告诉家长，要尽可能将受灾孩子置于较安全的地方，使其安心；告诉家长，孩子们的很多恐惧来自于不知道怎么做从而觉得自己无法掌控命运的焦虑感。只要孩子们处于安全的境地，焦虑就能较快消除。周围的人的乐观和淡定情绪也能加快孩子们焦虑的消除。另外，要积极开通学校与家庭同步实施心理危机干预的渠道。积极的社会支持也是对青少年进行心理危机干预的重要环节，其中家庭的支持尤为重要。因此，学校要争取青少年家庭成员的支持，并指导家长了解、掌握相关的心理干预的知识和方法。

3. 对于家长

家长要尽量给孩子安全的感觉，可以用言语安慰、用身体拥抱等方式，给孩子安全的感觉。鼓励孩子表达出自己的害怕、痛苦、焦虑等情绪。孩子用游戏、语言、文字表达这些不舒服的感受时，家长们要耐心倾听孩子的表达。在刚刚发生灾变的时候，不要让孩子离开家长，一方面是保护孩子身体的安全，另一方面也是提供给孩子最直接的心理安全的保障。

青少年的恐惧有两个来源：一是灾害来袭时的强烈的震撼和冲击；二是周围的人在面对灾害时的恐惧、尖叫和呼喊。特别是平时被认为能保护全家安全的父母，他们的惊恐、哭喊、脆弱会让孩子们的惧怕更为严重，进而破坏青少年的安全感。所以，稳定自己的情绪，合力支持青少年度过危机尤为重要。

第二节　人格层面下的青少年突发事件应对

很多孩子都玩过玩具枪或水枪，那你们一定知道打枪时要瞄准靶心，才能扣动扳机。突发事件的发生有时就像一个扳机一样，被青少年扣动，激活了他们自己内在的负性情绪、缺陷人格、心理情结等需要进一步成长和发展的那部分心理活动，进而出现较严重的心理反应。

一、健康稳定的人格是克服疑病惶恐的法宝

青少年缺乏必要的社会实践知识和日常生活经验，对突发事件往往缺乏正常的认识、判断和选择。如果自身存在没有主见、缺乏克服困难的勇气和能力、性格孤僻内向等人格缺陷，就会因承受不住挫折和不良刺激而导致心理失衡，甚

至产生各种神经症和人格障碍。

【案例 3】疑病惶恐何时了？

小鹏是一个 15 岁的男孩。在 2020 年的春节来临之际，国内暴发了新冠肺炎疫情，小鹏变得紧张和焦虑，不停地关注有关新冠肺炎疫情的信息，不停地给自己测体温，特别害怕自己会被传染上疾病。当自己和爸爸妈妈外出归来，他就会不停地往衣服上喷洒消毒水，不断地洗手，表现得非常惶恐不安。

原来，小鹏自幼身体素质较差，他的母亲特别关注他的身体健康。如果他有发烧、咳嗽等症状，就会不停地给孩子量体温、触摸额头。有一年，他患上了支原体肺炎，妈妈和爸爸因为这个事情不停地争吵、互相抱怨和指责，小鹏经过长期治疗后才完全康复。在这之后，妈妈都会过度地嘱咐小鹏穿厚一些，不要着凉，尤其天气变化的时候。当小鹏又出现发烧、咳嗽等症状时，妈妈又会过度地关注，担心他肺炎又复发。久而久之，小鹏也变得对自己的健康非常关注。他平素性格就固执、多疑、敏感、谨慎，遇事总是过多地考虑悲观和不幸的一面，缺乏自信。一旦觉得什么地方不舒服，他便要找医学杂志对照研究一番。去年他在图书馆一本科普杂志中看到了一篇有关喉癌的文章。当时他正好感冒了，嗓子有点儿发炎。他觉得自己的症状与文中所述很相似，便疑心自己是否得了喉癌，精神非常紧张。次日，他就和妈妈到医院门诊去检查，医生诊断为风寒喉炎，说吃点儿感冒药就会好转。吃了几天药，嗓子的炎症果然消失了，他这才放下心来。

【心理专家支招】

1. 筛选信息

当疫情来临的时候，我们每个人关心自己的身体健康，保护好自己，这是爱自己的一种好的行为习惯，同时也是防疫战中对社会负责任的表现，但是我们不能过度关注。小鹏一出现某些症状，就去科普杂志或网络上试图寻找和自己症状相吻合的临床诊断，这是不成熟和不科学的行为，只会自己吓唬自己。我们应该相信官方的权威信息和医院的医疗诊断，只有这样才会让自己的情绪稳定下来。

2. 觉察自己

小鹏需要觉察一下恐慌、疑病的背后是不是因为自己早年的安全感没有建立起来，觉察一下自己在学习、生活中有无容易被消极暗示的情形。因为这些行为模式会泛化到学习、生活的各个方面。小鹏可以通过和小伙伴们聊聊自己的看法和感受来减轻焦虑。

3. 完善人格

小鹏平素固执、多疑、敏感、谨慎，这些人格（性格、气质、能力等）缺陷的部分，会影响到他的身心健康。所以，建议小鹏积极参加校园文化活动和社会实践活动，不断完善自己的人格。当有了健康稳定的人格，小鹏就可以采取积极的心理防御机制（幽默、升华等）和建设性的应对策略去应对突发事件给自己带来的消极影响。

4. 转化信息

父母关注孩子的健康时，他们的表情可能有些夸张。但孩子要正确解读，不要把父母过度关注健康时的面部表情解读为病情较重的信息。理解父母由于担心孩子的健康所表现出的夸大行为，要慢慢学会转化父母传递给我们的一些负面信息。

社会、学校、家庭要努力营造一种有利于青少年健全人格形成的教育和成长环境，把他们从迷茫与困惑中解脱出来，关注和解决他们不健康的心理问题。只有经历风雨，才能见到彩虹。

二、接纳不完美的自己，敢于向欺凌者说“不”

在社会化的过程中，青少年会从别人的眼里认识自己。例如非常关注自己身材、长相等。好多人认为自己长得不够好看、有小小的残疾、不够强壮……事实上十全十美只是一个美丽的童话，每个人都要慢慢学会接纳不完美的自己。维纳斯虽然断臂，但却成为举世瞩目的艺术杰作。

【案例 4】隐忍、沉默的受害者

小光是一个 12 岁的男孩。他在一次意外中导致自己的中指被截，落下了一个小小的残疾。同学们时常拿他残缺的手指取笑他、戏弄他，小光遭受了同学们的校园欺凌。更让他气愤的是，好多平时胆小的同学也加入到欺负他的行列，他感到非常无奈和痛苦。由于他性格内向、敏感、自卑，面对欺凌老是隐忍、沉默、逃避，经常把那只有残缺的手用另一只手捂着，生怕别人取笑他。放学的路上，当他看到有校园欺凌出现时，就联想到自己被欺凌的一幕幕场景，非常的愤怒，恨不得拿刀子把那些欺凌他人的人杀死。一看到各种刀具就有想杀死那些欺凌者们的冲动。明知不可能实施，但这种强迫意向不时在脑海里呈现，他陷于痛苦之中。

【心理专家支招】

1. 接纳自我

一次意外导致手指的残缺，肯定会让小光有不舒服的体验，自卑、焦虑、抑郁是很正常的心理反应。但是反应过度，就会觉得同学们无时无刻不在关注自己的手，这些其实都是脑海里生出好多假想的观众在作怪。要慢慢学会接纳不完美的自己，学会把自己残疾的手暴露出来。当别人关注时，告诉他们虽然自己的手指有些不好看，但并不影响写字、学习和生活，逐渐同学们就不会过度关注自己残缺的手了。

2. 表达感受

因为平时小光的性格内向、敏感、自卑，越是隐忍和逃避，越是助长了欺凌者们的欺凌行为。当再遇到校园欺凌的时候，一定要学会把自己的愤怒和感受表达出来，大胆地向欺凌者们说“不”。当对方接收到这样的信息时，他们的欺凌行为才有可能会收敛。通过这样的训练，可以慢慢让自己越来越有力量感。

3. 寻求支持

受到欺凌时，寻求老师、家长或法律的帮助，对小光来说都是有效的解决途径。出现冲动行为的强迫意向时，让自己深呼吸，转移注意力，必要时寻求学校心理辅导老师的帮助。

4. 强大自己

对小光而言，父母和老师不可能时刻跟着自己，强大自己才是解决问题的根本。今后要通过锻炼身体、参加各种活动和社会实践来提高自己的自信心，让自己的身体强壮起来，心理强大起来，不给别人欺负自己的机会！

第三节　应急演练常态下的青少年突发事件应对

汶川大地震中，震区不少学校的教学楼瞬间坍塌，夺走了许多鲜活的生命。而与灾情最惨烈的北川县毗邻的安县桑枣中学2400多名师生在地震中却无一伤亡，被世人誉为“桑枣奇迹”。这一奇迹既非上天的眷顾，亦非命运的安排，而是源于该校对安全工作的极度重视，源于该校校长叶志平对安全工作的高度责任心，源于全体师生强烈的自我保护意识和科学的紧急避险能力。安全教育通过行为细节的反复演练会形成每个学生的自动化行为。所以，同学们，学校组织各种紧急避险演练时，一定不要闹着玩，要认真进行模拟演练，这样，当突发事件来临时，自己就会更沉着冷静。

一、不从众，重视演练，未雨绸缪

生活的精彩在于它永远是未知的，但是未知的世界里有苦有甜，我们每个人都要掌握突发事件的避险技能，未雨绸缪，才能提高生活的品质，才能为自己的生命保驾护航。

【案例 5】后怕、自责的小斌

小斌是一个 10 岁的男孩。暑假，小斌和爸爸妈妈一起外出旅游。某一天深夜，他们居住的小旅馆突然着火了。由于人们都睡得很沉，没有觉察到火灾的发生。当发现火情时，楼道内早已浓烟滚滚，惊慌失措的人们都拥进楼道逃生。小斌及家人受到从众心理的驱使，也准备从楼道逃生，但烟雾毒气使眼睛、呼吸道受到强烈刺激，无法辨认方向，小斌非常恐慌。小斌的爸爸马上镇定下来，招呼全家人返回房间，关好门，用床单结成绳子，准备从他们居住的二楼窗户往下逃生。小斌见此情景，忽然想起了在学校消防演练课上学到的一些自救措施（学校消防演练时，小斌并没有当回事），马上去卫生间把毛巾打湿递给了爸爸妈妈。最后他们成功自救，从二楼窗户逃生。事后小斌很后怕，觉得如果自己一个人遇到这样的火灾，后果不堪设想，他非常自责之前没有好好上消防演练课。

【心理专家支招】

1. 稳定情绪

当人们在面对突如其来的火灾时，有的人会因为恐惧而惊慌失措，胡乱奔跑；有的人甚至跑入狭窄的角落，被困在死角里；还有的人由于恐惧而不知所措，失去行为能力而坐以待毙。面对这种情况，可以在平时多积累一些突发事件的应对知识和技能，包括学习一些稳定情绪的放松方法，这样可以帮助我们在应激状态下保持冷静。

2. 重视演练

应不断增强居安思危和自我保护意识，努力学习和掌握灾害事故发生时的紧急避险、逃生、应急防护、自救互救的知识与技能，重视在学校举行的各种逃生演练，这样才能在灾害、事故发生时及时有效地保护自己。

3. 切勿从众

当人们处在火灾的环境当中，往往会出现惊慌失措、没有主见、盲从于他人的情况，会朝着人流多的方向逃生，甚至看到别人跳楼，惊恐中自己也跟着跳，结果是不堪设想的。火灾现场小斌爸爸的冷静起到了很好的示范作用。建议小斌平时要养成遇到突发事件冷静思考的行为模式，克服从众心理。

所以，重视青少年突发事件的逃生训练和应对技巧的培养，可以极大提高他们对突发事件的应对能力。

二、绝处逢生，掌握生命的主动权

当突发事件来临时，一个人的沉着冷静加上平时的应急演练和危机意识的建立，会让自己顺利逃脱困境，拥抱生命。

【案例 6 】被困电梯，鞋子报警

小平是一个 11 岁的男孩。新冠肺炎疫情期间，学校不开学，小平一个人在家里觉得很无聊。在某个周五下午，他去找复工的妈妈。此时小平妈妈单位的大厅无人，他便独自上了电梯，可是电梯刚升到四楼与五楼的中间，却突然停了下来。原来，单位提前半小时下班，电工违反章程拉闸停电。此时，漆黑的电梯里没有一丝光亮，小平大喊“救命”，但没有人听到。一个小时过去了，精疲力竭的小平还是不停地喊叫，嗓子都喊哑了。渐渐的，他有些绝望了 ...... 后来，他慢慢冷静下来。他知道单位这一休息就是两天，如果自己不想办法求救只能坐以待毙。他决定细心聆听外面的动静，企盼有人上楼或看门爷爷清扫时能发现自己的求救信号。他把自己鞋底带钉子的鞋脱了下来，拟定了好几个方案。次日清晨五点左右，他听到有人拎水桶拖地的声音。他急忙用两只鞋敲打电梯的钢板处。这时在四楼拖地的看门爷爷觉得奇怪，但不敢相信电梯里会有人。当他走到五楼时还能听到击打声，便断定电梯里有人，马上跑下楼去报告保卫科值班员。二十分钟后，单位的领导、保卫干部、消防人员、电工等人赶到，小平得救了。找了一晚上孩子的小平妈妈很后怕，不停地责怪着小平，小平也觉得好委屈。

【心理专家支招】

1. 理解父母

小平的父母一晚上找不着孩子，甭提多着急和恐慌了。他们的责怪，更多的是对孩子安全的担心。小平要多体谅妈妈，有什么想法可以多和父母沟通，把自己的委屈和恐慌向父母表达出来，以免留下心结，影响到自己的身心健康。

2. 肯定自己

小平的冷静应对，是难能可贵的积极品质。这次的成功脱险和平时学校组织的突发事件的应急演练、自己的积极参与是分不开的。要学会多鼓励自己，肯定自己的机智自救行为，让自己更有力量感。这些心理素质的培养，对稳定自己的健康人格和培养心理韧性起到了很好的促进作用。

为了培养青少年未雨绸缪的危机意识，社会、学校、家庭应该联合起来，系统、前瞻、有计划地推动青少年的防灾、避险、逃生的各种模拟演练，从而保护青少年的生命安全。青少年也要努力掌握自己生命的主动权！

第二章 情绪管理篇

突发事件来临时，我们会产生很多和平时不一样的反应，这其中就包括我们感受的反应。当我们遭受重大的突发事件后，很可能在平时看来不是很大的事情也会引起我们不小的情绪波动，甚至有些情绪会导致我们做出不理智的行为。那么，在突发事件中可能会遇到哪些情绪呢？我们又该怎样去管理我们的情绪呢？

第一节 突发事件下的共有情绪及应对

当突发事件发生后，我们的生活会变得很不一样。不仅我们周围的环境变了，就连我们的情绪也会变很多。当我们面对这些变化的时候，心中会产生很多"不爽"。这些"不爽"，有的是属于你个人的，比如今天因为电子产品该使用多久和妈妈起了小冲突；有的是属于这个事件情境下几乎所有人的，比如面对不确定的传染病毒大家会产生恐慌，等等。今天，我们先要聊聊大家那些共有的"不爽"，并且要教给你一些好玩实用的小方法，来处理好那些负性情绪。

一、理性面对恐惧，合理处理情绪

恐惧，是大部分人遇到突发事件后都会出现的一种情绪。恐惧的产生往往是因为我们遇到危险时，自己的力量不足以战胜它。那么面对恐惧的情绪，我们该怎么办呢？我们先来看一个例子吧。

【案例7】危机来了，我害怕，怎么办？

阳阳是一个10岁的男孩，性格内向，很安静。在四年级放寒假时，他所在的城市突然暴发了严重的传染疾病。他从大人的谈话中和新闻上知道这是一种非常厉害的病毒，他很担心。更让他恐惧的是，前几天他们小区一位老爷爷被确诊感染，小区的人们都更加紧张。他每天都在担心家里人，尤其是担心偶尔要出门的爸爸会不会被感染，他总是担心有看不见的病毒会跑到家里来，甚至晚上会做噩梦。这样的情况持续了好几天，阳阳的身心健康受到极大的影响，于是阳阳妈妈打电话向老师求助。

【心理专家支招】

首先，我们可以看到阳阳的状态就是恐惧。因为他和家人遇到了危险的疫情，并且这场疫情是以他们的力量完全不能处理的，所以恐惧就产生了。而小区里那位老爷爷的确诊又加剧了这种恐惧。其实面对重大的突发事件时，很多人，包括成年人都会产生这样的恐惧情绪。如果不能及时有效地处理这样的情绪，它会严重干扰我们的正常生活。那么我们该怎样处理这样的情绪呢？我们建议大家用好下面三招。

1. 面对恐惧，了解恐惧

很多恐惧来源于未知，就像我们害怕黑夜一样，我们不知道它究竟包含着什么危险，我们要做的就是面对它，“照亮”它，让它变成“白天”。面对疫情，我们可以通过正规的渠道积极地去了解当前的情况，我们对情况了解得越多越客观，恐惧的程度就会明显降低。

2. 专注兴趣，转移注意

刚才说到，当我们了解情况时恐惧会降低，但是如果我们每天都只是关注着那些突发事件，甚至沉浸在这些新闻中时，我们的恐惧也会加深。这时候我们应该找一些自己感兴趣的事情来做，最好是持续、有规律的，比如每天和爸爸做亲子游戏，和妈妈练练瑜伽，或是一家人做游戏都是很有效的。总之，把注意力转移到我们喜欢的事情上来。

3. 锻炼身体，强壮自己

免疫力是最好的药物，我们自己是最好的医生。当我们身体强壮的时候，病毒、危险都不容易伤害到我们。同时，当我们身体强壮时,我们也会更加积极乐观。所以,动起来吧。

最后，我们要提醒大家的是：不要觉得恐惧是一个“坏情绪”。我们的每一种情绪都是有用的，适当的恐惧会让我们更警觉，避免我们因为大意受到伤害。所以，我们不是要消灭恐惧，而是要处理好恐惧。怎么样，你学会了吗？

二、面对烦躁，抓住源头，及时宣泄，积极转化

烦躁，是当我们受到一些人或事的影响而产生的一种烦闷不安、急躁易怒的情绪。这样的情绪经常会给我们的学习、生活带来不利影响。更麻烦的是，当我们遇到这样的情绪时，常常看不到引起我们情绪变化的真正原因。因此，我们经常莫名其妙地大发雷霆，结果当我们把世界炸出个大洞后，却发现根本不知道为什么开炮……这可怎么办呢？我们一起看看浩然的故事吧。

【案例 8】最近有点烦

浩然是一个 12 岁的壮实小伙子。他是校篮球队的先锋，平时性格直率，活泼好动。从小学二年级起，浩然就一直保持着晚上到小区附近公共篮球场练球的习惯。但前一段时间在火车站发生了暴力恐怖分子持刀砍人的事件，马上全市的各个街道、社区都加强了管理，公共篮球场也临时关闭了，这让浩然很不习惯。在家憋了好几天，浩然决定去问问篮球场什么时间开放。当他夹着篮球准备出门的时候，被爸爸看见了。爸爸马上来了一场疾风暴雨式的教育，说什么当前安全形势多么严峻，又说他出去是不考虑家人的担心……浩然听着很烦，转身要进卧室，爸爸却跟上来继续说。浩然突然间不知道身体里哪里来的一股力量，

让他一下子把球狠狠砸了出去，家里的玻璃茶几瞬间被砸裂，于是战斗升级……

【心理专家支招】

突发事件发生后，各级管理部门往往会出台一些应急措施，这其中可能会有限制行动、关闭场所等措施，甚至有时持续时间会比较长，这就会打乱我们原来的生活节奏，我们很容易产生烦躁情绪。这样的情绪往往看起来并不严重，就像浩然一样在一段时间内总是有点“不高兴”，但这样的情绪越积越多，就像不断地往火药桶里装火药，一旦遇到一点火星（比如爸爸妈妈的唠叨等）就会瞬间爆炸，爆炸的威力和破坏力经常把我们自己都吓到了。那么遇到烦躁情绪我们该怎样处理呢？来，让我们一起学习一下。

1. 及时觉察自己的情绪

当我们感觉到自己的情绪已经有点“小不开心”的时候，不要不在意，更不要压抑着自己。要注意起来，心里知道这可能就是一个情绪的导火索。我们要注意：第一，尽量不要把自己的不开心往心里装；第二，我们要及时把它们处理掉。我们应该怎么做呢？

2. 搞清情绪的来源

当我们知道心里有了像“火药”一样的负性情绪时，不要怕，要找找看，这些“火药”到底是从哪里来的？比如浩然的烦躁情绪，其实主要是因为原本每天练球的习惯不能得以保持，心里很不舒服，再加上在家憋闷久了，所以积累了很多的烦躁情绪,而爸爸的唠叨就是那个引爆情绪的“火星”。

如果心里已经有了“火药”，我们该怎么办呢?

3. 主动调节、宣泄情绪

当我们的心里已经积累了一些烦躁情绪，我们要学会及时有效地宣泄出来，就好像是把火药做成烟花，这样不仅无害还能愉悦心情。具体建议：比如可以找人聊聊天、发发牢骚、写写日记、跟自己聊聊，都很有用；还有听音乐、玩游戏，可以让心情舒缓下来；再有，锻炼也是一个很好的方法。你学会了吗?

三、用客观的视角、科学的方法应对焦虑

担心，是我们生活中常见的一种情绪，平时看起来并没有什么大不了，但在突发事件来临后，有很多人的担心会严重升级，甚至有点像惊弓之鸟，一点点的小事情就会引发很大的恐慌和持续的担心，这样过度的担心在心理学上就叫焦虑。当我们面对焦虑时，该怎样处理呢?先来看看薇薇的经历。

【案例 9】我得了“担心病”

薇薇是一个9岁的北方女孩，性格温和，活泼开朗，但最近她却得了一种“担心病”。原因是前段时间四川发生了严重的地震，地震时她所在的学校也有震感，随后她通过老师、家长得知这场地震有多么可怕。前两天上中学的表姐到家里玩，还给她看了很多

网络上的地震图片，并且告诉她其实她所在的城市也是地震的高发区，也有可能发生地震，还教她把大饮料瓶装满水倒立起来放在门后，来检测家里的震动，如果饮料瓶倒了就说明大地在震动。表姐走后，薇薇马上把一个装满水的大饮料瓶倒立在门后。结果，家里经常有人无意间碰到瓶子，甚至有时瓶子因为没有放稳自己就倒下了……每次瓶子一倒，薇薇就紧张得不得了，还要赶紧去提醒家里人。即使妈妈说这样的方法不科学，还给薇薇讲了其实地震发生的概率很低，但是，薇薇还是每天都非常担心，甚至晚上睡觉时都会被一点小的响动吓醒。

【心理专家支招】

薇薇的情况就是我们说的焦虑，这种情绪主要是因为对自己和家人的安全或未来过度担心而产生的。如果我们遇到这样的情况，可以用下面的方法来帮助自己。

1. 通过正规的渠道去认识、了解相关的知识

比如去看关于地震的一些科普书、科普动画等。当我们对地震或者其他的突发事件有了一定科学了解后，你会发现很多时候你的担心是多余的。很多你担心的事情发生的概率非常小，甚至根本不会发生。

2. 不轻信传闻

在突发事件来临的时候，会有很多人由于恐惧、无聊或者别的原因有意无意地改造甚至编造一些听起来很有道理，

其实并不靠谱的方法、知识，我们要注意辨别。如果轻易相信，就会让我们凭空多出很多不必要的“担心”，甚至有时候还会给我们带来很多麻烦。

3. 寻找支持

当自己有担心又解决不了的事情时，不要慌张，也不必害羞，及时去找我们身边更有能力、更强大的人，跟他们说说自己的担心，他们会给你很多建议和支持。

第二节　突发事件下与他人互动产生的情绪及应对

在突发事件来临时，我们往往会有很多情绪产生。但是，你知道吗？我们的情绪有些是来自事件，有些却是因为一些人。说到这里，你是不是一下子想起了某个惹你生气的家伙？先别生气，这一节要说的情绪虽然也是与他人互动中产生的情绪，但还有一个前提条件，那就是突发事件下我们和他人互动产生的情绪。这些情绪到底有哪些反应呢？我们又该怎样处理呢？我们一起来找答案吧。

一、危机当前冷静果断，相互理解

我们的父母都很爱我们，但是不是有时候我们的爸爸妈妈也会特别凶呢？唉，有时候真想找一个“别人的爸爸妈妈”。

爸爸妈妈究竟怎么了？为什么紧急时刻会突然像变了一个人呢？让我们看看下面的案例吧。

【案例 10】妈妈怎么了？

2019 年 8 月，一个闷热的午后，接连几天的大雨让空气中弥漫着浓浓的水汽。11 岁的朝晖与妈妈一起乘坐大巴回忻州看望姥姥。中途，大巴车在服务区停靠，大家在服务站里休息聊天。突然，有人大喊“快跑”，人们慌乱起来……半个多小时后，大家终于在服务区附近的一个小山丘上停了下来。原来，远处的山体发生了泥石流，幸亏工作人员及时疏导，大家才躲过危险。此刻又开始下雨，朝晖感觉脚下的泥土开始变得很滑，甚至山坡上已经有了一些小的水流流向坡下。这时，人群中有人在说脚下的山丘也是泥土结构，很可能也会坍塌，大家开始骚动起来。朝晖拉着妈妈就要往山坡下面跑，妈妈却死死地拉住朝晖不让他乱跑。朝晖着急地跟妈妈说现在非常危险，但妈妈却说往山下跑更危险，坚持要在原地等待救援，并且用力地拽着朝晖的胳膊。撕扯中，朝晖与妈妈大声吼了起来，没想到平时温和柔弱的妈妈竟然生平第一次用力给了朝晖一个耳光……后来，人们得到了及时救援，朝晖和妈妈也安全到了姥姥家，但朝晖久久不能释怀，心中一直非常委屈，想不通为什么那么爱自己的妈妈当着众人的面给了自己一记耳光，想不通自己明明是为了妈妈的安全着想，反倒被妈妈打，心里有一千个委屈说不出来，有一万个不想原谅，但又知道那是自己的妈妈，所以他心中非常苦闷。

【心理专家支招】

朝晖心里最大的情绪是“委屈”，这份委屈看起来是朝晖与妈妈在危险情况下不开心的互动引起的，其实根本原因是因为朝晖在内心坚定地认为自己是善意的、正确的，却受到了误解和惩罚。朝晖心里的期待与妈妈实际的回应反差太大了。其实，聪明的你一定已经发现，在这件事情上，母子俩都是善意的，甚至都有正确的方面，但由于当时情况紧急，所以导致两个人的情绪都失控了，最终导致了一场母子大战。遇到这样的情况，我们可以做点什么呢？我们是否还有更好的解决方法呢？心理专家给你三点建议：

1. 确保安全，积极求援

当突发事件来临，大家暂时安全的时候，首选方案应该是积极联络外界，寻求救援，不要擅自做一些草率的决定。因为我们都不是从事救援的专业人员，面对危险我们缺乏经验和科学的手段。

2. 换位思考，相互理解

在特别紧急的情况下，人们为了能用最短的时间做出最有利于安全的决定，往往会做出超常甚至反常的举动，就像朝晖的妈妈，在情急之下打了朝晖，她的目的不是要让朝晖丢脸或者惩罚他，而是想要确保他的安全。这是紧急情况下很多人的正常反应，所以我们要多加理解。

3. 及时沟通，一致表达

在脱离险境后，家长与孩子不要互相指责，也不要生闷气，要及时进行真诚的沟通。双方都要告诉对方自己当时的想法以及为什么那样做，同时双方都会看到彼此想法和做法的合理性，这样我们心中的疙瘩就解开了，甚至内心会感到温暖。

二、学会换位思考，积极主动沟通

问你几个小秘密。你怕你们老师吗？你最喜欢的是哪位老师？你们班里有特别能布置作业的老师吗？你是不是觉得他们都特别“不近人情”，根本不考虑学生能不能完成作业？是不是很想换换角色，把他们布置的作业让他们自己做上一遍……可你知道吗？在突发事件发生的情况下，很多学校可能会采用网络授课的形式，在网络课堂中可能会出现很多“不近人情”的老师，你知道为什么吗？遇到这样的老师我们又该怎么办呢？

【案例 11】我们老师特别“不近人情”

一场突如其来的冰灾让安娜居住的东北小镇瞬间像冰冻了似的，好像一切都停止了。车辆不能上路，人们无法出门，甚至连家里的网络都会时不时掉线。就在这样的情况下，全镇各个学校都开始了网络授课。作为小学高年级的学生，安娜的班级开课是全校最早的。网络授课学习，对于安娜来说是一件新鲜事，可对于视频里的老师们来说并不轻松。几天下来，安娜又气又烦，简直要被那帮老师搞疯了。每位老师都好像在抢时间一样，我方唱罢你登场，几乎无缝对接，甚至有个别的老师还总拖堂！更要命的是，老师们仿佛是经过统一培训似的，都反复在讲“停课不停学！在家学习要更上劲儿！都六年级了，是该自己上劲儿的时候了！……”随之而来的就是各种做不完的作业，还有催命式的打卡。安娜就纳闷了，原来好好的老师们怎么就都这么“不近人情”了呢？

【心理专家支招】

非常时期，非常环境，非常不同的教学手段，给很多老师带来了新的挑战。遇到大的突发事件，老师们也有一个逐步适应的过程，也有很多的“搞不定”和“犯迷糊”，所以有时候他们在完全不知情的情况下就会“不近人情”起来了。面对这样的情况，心理专家建议大家这样做：

1. 小小抱怨，多多理解

首先我们支持大家悄悄地抱怨一下，这是可以的，甚至是有效的、有益的。因为当我们的情绪得到及时宣泄之后，我们的大脑才会更加理性。接下来就是要给一些理解了。我相信很多同学都想象过让老师写作业的情景吧？那感觉是不是很痛快？你做的其实就是角色互换。我们不妨换个角度想一想，假如我们是老师，面对全新的环境，不熟悉的授课软件，还要面对家长的期待……你敢让你们班的孩子自由放任吗？你看到离下节课还有五分钟，你会不会也想占用呢？所以，当我们学会互换角色，我们就会多一些理解。

2. 及时交流，积极反馈

很多时候，同学们会像安娜一样生闷气，最多在心里对对方抱怨一番，但这些都不能解决对方不知道的问题。对方倒是想改，但他们真的不知道该改哪里，甚至很多老师都觉得自己布置的作业并不多，只是没考虑到各个科目的老师都布置一点，积少成多，加起来就是一大堆。所以，我们要及时反馈给老师，这样老师才能知道。当然，我们在反馈的时候不要带情绪，要注意语气，要积极地“说事”，别气呼呼地“说情”。当然了，有的同学说自己不敢跟老师说，怎么办呢？可以让爸爸妈妈跟老师说，大人之间沟通会更加直接。不信你可以试试哦。

三、真诚沟通互动，主动化解矛盾

在日常学习、生活中，我们难免会和小伙伴们发生矛盾冲突，有的小伙伴就会因此而头疼，为什么我们就不能愉快地相处？为什么我们要闹不愉快呢？其实，同伴冲突是人际交往中普遍存在的一种社会交往形式。恰恰因为同伴冲突后的反思，可以帮助我们很好地认识自己和发展自己。那平时冲突能忍，关键时候（危机时）忍无可忍了，该怎么办呢？大家一起来看看下面这位同学身上发生了什么。

【案例12】我的朋友真拧巴

亮亮是一个13岁的性格外向、活泼好动的男孩子。去年夏天，他所在的城市发生了特大洪灾。发生灾害的第一天，他正巧与他的好朋友小伟一起在郊外的小河里游泳。他们玩得正高兴的时候，突然天色大变、大雨倾盆。这时亮亮对小伟说赶紧往河流的下游岸边游，可是小伟却说他是个胆小鬼，这点儿雨算什么，还不断地讽刺、挖苦他。亮亮很生气，两个人直接就在河里扭打在一起。雨越下越大、河里的水也慢慢涨了起来，两人一看情况不对，赶紧往岸边游，可是却怎么也游不过去……幸亏碰到了救援队的电动艇，才把他们从河里救起来。可是自从这件事发生之后，亮亮开始变得情绪低落，对小伟的态度也发生了转变。他一见到小伟就想打他，就是因为小伟让他差点儿没命了，同时他的脾气也变得易怒起来。

【心理专家支招】

1. 明确任务目标、真诚沟通

尽管我们行为的总体目标是一致的，但发生冲突的原因，更多的是因为我们对任务的理解有偏差，而且在这个时候我们又缺乏有效沟通，单纯认为“我对你说”就是沟通，结果让自己越说越生气，也让彼此的情绪低落，影响目标达成与同伴关系。那么我们的小妙招来了，如果在这个过程中，我们可以直接把自己的任务目标和对方说出来，就会减少沟通障碍，同时说话时保持真诚又心平气和的态度，就更容易沟通，也不会引发自己不愉快的情绪感受了。

2. 及时宣泄情绪，主动化解

有了冲突，双方一定都不愉快。而做出这个不愉快的情绪反应的不是别人，正是自己。情绪反应是我们可以自行选择的，如果这个时候我们用语言的方式告诉对方，他这样说自己感到很难过，同时提出期望，相信对方是会理解你此刻的情绪反应。把不愉快憋在心里，不仅给自己造成了情绪上的困扰，还给我们的人际关系带来一定的阻碍。

四、合理宣泄情绪，主动预期调节

大多数的时候，情绪都容易受到他人和环境的影响。作为情绪“风暴期”的我们，这个时期突出的问题也大多来源于情绪的体验，情绪波动体验也较为剧烈，情感活动广泛而丰富多彩，所以我们的情绪也具有了突出的不成熟和不稳定的特点。那么是不是我们就可以放任自己的情绪了呢？如果那样的话，势必会给自己带来很多的困扰。虽然他人看似和我们没什么关系，但在与他人交往中，我们依旧会产生的一些负性情绪。面对这些情绪，该怎么办呢？

【案例 13】比蝗虫还坏的邻居

小敏是一个 16 岁的女生。她性格内向，平时与人少有交往。某年她所在的地区发生了特大蝗灾，导致当地的经济和人们的生活受到严重影响。社区为所有的居民发送防蝗灾物品和生活物资，所有的居民都需要排队领取。一天，小敏被妈妈派去领物资，在排队过程中，她发现楼上邻居不仅哄抢物资，还插了她的队。她联想起平时这位邻居家经常深夜发出噪音，就更觉得气不打一处来。她说了对方几句后，双方发生了争执。事后，她生气极了，只要出门碰到这个邻居，心里就憋气难受。

【心理专家支招】

1. 合理宣泄

不要让自己的坏情绪过夜。在突发事件发生时，可能会出现一些只考虑自己并破坏规则的人。如果我们与之发生冲突，你可能会非常愤怒。面对这种情况，可以通过向父母、朋友诉说，或者通过运动、唱歌、画画等方式先将自己的坏情绪充分释放，其实有时在自己的房间里大哭大骂一场也是一种好的释放方式。

2. 预期调节

让积极情绪影响他人。如果在某个阶段遇到某人、某地或特殊情景可能会激起我们的不愉快或尴尬的情绪时，我们可以选择尽量避免接触。另外，如果不期而遇，试着微笑一下，相信你的笑容也能感染到看到你的人，让你的积极情绪影响对方，不要被他人影响了你的情绪。

第三节　突发事件下自我情绪的调节

遇到一些突发事件，是我们想都没有想到的，随之而来的是我们的学习和生活会出现一些大的改变。这个时候，我们会产生众多的情绪，比如烦躁、焦虑、冲动等，这些情绪都是危机情况下的“正常反应”。有的小伙伴习惯将所有的矛盾冲突点对准突发事件，产生怨天尤人的想法。如果我们把情绪扩大，会让自己陷入其中，不可自拔，还可能带来更多的烦恼。那么到底是继续纠结“为什么这样”，还是“调整自我情绪”会对我们有帮助呢？聪明的你一定已经找出答案了。是的，调节自我情绪其实更有效！

一、会沟通，不压抑，化解心中烦躁

“天呐，这么多作业，我太难了！”虽然每个科目布置的作业都不多，可是每天累积的作业让小伙伴们快崩溃了。因突发事件引发学习方式的变化，导致了无论是老师还是学生都处于适应过程中，所以各科老师给学生布置的作业就容易让学生产生焦虑、烦躁和因压力过大而崩溃的情绪。看看下面这个案例，你会不会也有同感呢？

【案例 14】我太难了

淘淘是一名五年级的学生。今年寒假，因为新冠肺炎疫情，学校都延迟开学，所有的孩子都在家里上网课。上网课本来不是什么稀奇的事情，而且每科老师都说要给孩子们减轻负担，布置的作业好多都是做一张小报。可淘淘发愁了，因为他觉得画画对于他来说就是一件非常困难的事情，而且每科都要做。每天淘淘因为这些任务而烦躁。

【心理专家支招】

1. 温和的态度沟通，积极的行动求助

卡耐基说过一句话："如果你是对的，就要试着温和地、有技巧地让对方同意你；如果你错了，就要迅速而诚恳地承认，这要比为自己争辩有效和有趣得多。"当面对繁重的学习任务时，我们要了解作业是否有重复、有超纲。如果有，我们可以采用温和地向对方提出自己观点的方法，去和老师沟通；也可以积极向父母、朋友求助，让他们协助解决问题，我们会发现自己的实际行动远比抱怨有效得多。

2. 消极情绪不压抑，放下执念会转移

当我们任务重，又无力改变的时候，我们可以试着通过写日记、哭、大声唱歌等方式适当发泄自己的消极情绪。同时，我们也可以采取调整目标、转移自己视线的方式，使自己的视野更加宽广。例如在宽阔的地方去看移动的物体，这些五颜六色的运动的物体，可使我们固执的信念和负性情绪逐步

分化和转型，慢慢向积极的状态发展。

二、接纳非常的“正常”，学会自我调节的技巧

学习方式的调整如同生活方式的调整，无形中会给我们带来很多困惑，比如适应很难、习惯性思维转换困难、生物钟不适应、监管方式转换等。这些困惑会导致我们产生焦虑、难过、自我认同感降低等问题。小伙伴们，你们在遇到类似事件时，还有可能出现什么样的感受呢？

【案例 15】我被网课“网”住了

某年，我国东北连续半个月下大雪，居住在东北某市的 18 岁学生小玲在寒假期间因雪灾而不能正常去学校上课。学校采取了网络授课的方式让孩子们停学不停课。小玲在上网课的过程中，发现自己的注意力不集中；没有监管，自控能力比较差；缺乏师生互动，不知自己是否正确地掌握了知识……距离高考没几个月了，如果还是这样的学习方式，她担心自己的高考会受到很严重的影响。于是，她每天越担心越学不进去……

【心理专家支招】

1. 认可情绪的正常性

突发事件的发生会对我们的精神造成冲击。其实焦虑恐慌的情绪、被动闭锁在家里的烦躁、打乱作息时间和饮食习惯的不适、电子产品的诱惑带来的躁动等都是正常情绪的表现。我们要意识到这些烦躁、焦虑的情绪不仅自己会出现，也是大多数人会出现的状况。在这种情况下，我们无须内疚，只需警醒并积极调整行为模式，在线上和老师与同学交流沟通，去适应新的学习方式，你的情绪和学习状态就会得到改善。

2. 每天练习深呼吸

深呼吸可以有效缓解我们的紧张焦虑。当我们在学习或做题过程中突然出现头脑空白、紧张焦虑的情况时，我们可以通过做几组深呼吸来进行调节。深呼吸也就是腹式呼吸，用鼻腔吸气，去感受新鲜的空气顺着鼻腔慢慢进入胸腔到达腹腔，小肚子鼓起，让新鲜的空气在体内充分交换，将废气慢慢地通过腹腔、胸腔、口腔吐出，同时小肚子感受挤压。赶紧去试试吧，相信你能够很快感受到轻松和愉悦。

三、发现情绪背后的需求，主动调整适应

罗伯·怀特曾说过：“任何时候，一个人都不能做自己情绪的奴隶，不能使一切行动都受限于自己的情绪，而应该反过来控制自己的情绪。”糟糕的环境会让情绪变得激动、烦躁，如果我们的情绪被环境所控制，那么我们还有什么能力去主宰自己的人生呢？

【案例 16】坏人在外面，为什么我被关在家里

小毛是个 13 岁的男孩。今年年初，他所在的城市遭到了暴力恐怖袭击。当地警察为了抓捕嫌犯，封闭了城市出入口，并开展全城排查和搜捕。很多居民的生活与行动也因此受到一些影响。小毛因为学习、生活不能像往常一样，行动也受限制而变得郁郁寡欢，一点点的事情就能让他变得很激动。

【心理专家支招】

1. 深挖情绪激动背后的需求

看似单纯的激动、焦虑、发脾气，其实背后都和我们的需要未被满足有关。是什么影响了我们的情绪？可能小毛会说是因为行动受限。其实不然，也许是因为自己认为没被尊重才导致生气。如果这个时候，我们能想到，我们当下最需要的是安全，而警察的工作恰恰就是为了我们的安全。这样一想，是不是我们就没有那么生气了呢？一个思维的转变，就会让我们的情绪好起来。

2. 主动调整生活方式

积极适应当下状态，当面对无力改变的事件时，我们主动调整自己的规划，要比被动适应，更容易让我们保持情绪平稳。

第三章　人际交往篇

青少年在与人交往过程中，形成了各种人际关系。人际关系已成为青少年学习、生活中的重要内容，是社会性发展过程中不可缺少的组成部分。人际关系是指人们在交往过程中发生、发展和建立起来的人与人之间的心理上的关系。青少年的人际关系主要有三种类型：亲子关系、师生关系、同伴关系。

第一节　突发事件下的亲子关系冲突的应对

突发事件的发生，对我们的生活会产生各方面的影响，最突出的影响往往表现在我们每天接触的人和事上。其中，受影响最明显的就是亲子关系。

一、接受变化，关注积极方面

家长们遇到突发事件时，要用动态的视角看待变化，因为世界上唯一不变的就是变化。我们应该如何跟孩子沟通？如何引导孩子更多关注积极面呢？如何让亲子关系更加深入和稳定呢？一起来看看吧。

【案例17】生命无常，阳光面对

李女士本来打算今年假期带孩子和家人去国外旅游，但一场突如其来的台风及连日的暴雨打乱了所有的计划。李女士不得不取消了旅行计划，只能待在家里。台风所带来的破坏非常巨大，大树被拔起、房屋被吹毁、车辆被淹没。孩子感到既害怕又沮丧、生气。李女士多次和孩子解释，但孩子还有很多抱怨。她不知道该如何跟孩子沟通，让孩子能够理解这次变故。

【心理专家支招】

突发事件来临的时候往往让人措手不及，在我们平时生活中也常会遇到难以预料的变化，准备很充分但结果却让人大失所望。但事情已经发生了，越是在这样的特殊时期，家长越要引导孩子以积极、乐观的心态去面对生命中的无常与变化。

1. 少说教，多倾听

面对突发意外情况，家长要做的不是教导孩子，而是要看到孩子的困惑、需求并理解他，允许他做真实的表达。孩子可能会因为突发的变故而生气，比如本打算出去游玩却不能去了，孩子就会有失望的情绪。此时，父母和孩子摆事实、讲道理是无济于事的，因为孩子此时需要的是关注与理解。

父母要多倾听，看看孩子是感到无聊还是对于突发的意外有些恐惧、担忧，在孩子表达之后对他表示理解，这样孩子才愿意继续和你沟通。可能当父母仅仅做到这一点，就已经解决问题了。

2. 家长自己要接受变化

万事万物都在不断发展变化。面对突然的变化，家长会焦虑、担心，这种焦虑会传递给孩子，让孩子无所适从。所以当意外来临时，家长要沉得住气，想想在这次事件中可以培养孩子怎样的能力，不要陷入因变化而引发的情绪中。如果孩子因这次事件有了很强的适应能力，有了积极乐观的心态，这难道不是一件好事吗？

3. 调整聚焦，关注积极方面

关注什么就会收获什么。关注恐惧，恐惧就会加剧，焦虑、抱怨的父母就会培养出焦虑、抱怨的孩子。在突发事件来临的时候，我们需要了解事件发展的情况，但不要把注意力都放在事件有多严重、多可怕上，甚至吓唬孩子，而是要关注对我们生活有意义的事，看到因这次突发事件给我们带来的好处。比如平时忙于工作的父母有了更多陪伴孩子的时间，可以和孩子一起发明新的游戏，提升孩子的创造力、想象力。家长学会调整、学会向积极正向的方面聚焦，就拥有了积极乐观的心态，孩子也就学会了积极乐观。

二、共情孩子的情绪，建立安全感

一个人的心理健康离不开安全感的建立，美国人本主义心理学家马斯洛就把“有充分的安全感”列为心理健康标准的第一条。现在你知道了吗？

【案例 18】被地震消息吓着了的孩子

丹丹是一名小学三年级的学生。一天晚上快睡觉的时候，爸爸查看手机信息时，突然说：“刚刚地震了吗？你有没有感觉到？”丹丹十分害怕，爸爸接着说：“原来今天早晨也有地震，都没有感觉到呀！”丹丹联想到以前曾经看过的《唐山大地震》电影片段，害怕得浑身发抖，不敢入睡，担心晚上还会有地震发生。爸爸嘲笑她：“晚上不会地震的，快睡吧！”但是丹丹一直都处在恐惧之中。因为爸爸嘲笑她，所以她也不跟爸爸说话，妈妈又正好出差。爸爸不知该如何处理孩子的恐惧，也不知道该如何跟孩子沟通。

【心理专家支招】

孩子有困扰和害怕情绪时，需要父母的同情、认同和鼓励，家长不能嘲笑孩子的情绪。案例中爸爸的错误做法让孩子不再愿意说出心里话，错过了帮助孩子的机会。

最有效的引导方法，就是父母要站在孩子的立场与她交谈，鼓励孩子说出内心的想法，不要批评、指责和嘲笑孩子，这样才能及时了解孩子的心境，读懂孩子的内心。所以建议家长们这样做：

1. 多使用肢体语言

如拥抱孩子、抚摸孩子的后背等。在亲子沟通中，真正产生影响力的不是你跟孩子说了什么，而是你说话时的肢体动作和语气语调。心理学研究表明，在沟通中 55% 的意义来自肢体语言、38% 的意义来自于语调口气，只有 7% 的意义来自谈话的内容。建议案例中的爸爸张开宽阔的臂膀给孩子一个拥抱，轻轻抚摸孩子的后背，让她的情绪慢慢平复下来，再询问孩子的想法。

2. 找出孩子不安的真正原因

在随后沟通的过程中，会发现孩子害怕的并不是地震本身，而是地震造成的悲惨后果。因为《唐山大地震》里灾难性的场面给孩子留下了深刻的印象，孩子真正害怕的其实是死亡。

3. 尊重和理解孩子的情绪

家长们要学会站在孩子的角度，理解她、接纳她，即使你觉得这个不安的原因是多么可笑。

4. 建立安全感

在孩子的情绪平稳下来以后，家长们可以跟孩子一起去查查有关地震及其他突发事件的科普知识，引导孩子对突发事件建立正确的认知。

三、尊重并读懂孩子的需要

一个人行为的背后一定会有需要和动机的驱使，作为家长要找到孩子行为背后不被看到的需要，这可以让我们更懂我们的孩子。

【案例 19】制订好计划，孩子总不配合的烦恼

王女士有个 10 岁的孩子。因疫情原因，孩子需要在家上网课。在班主任老师的要求下，王女士跟孩子一起制订了学习、生活计划表，但是孩子却三天打鱼两天晒网，根本没有按照计划去做，经常会有不按时写作业、睡懒觉、玩手机游戏等无节制的情况出现，因此母子之间常常产生冲突。如何让孩子配合家长，将学习、生活按照时间计划表执行下去呢?

【心理专家支招】

1. 尊重孩子的行为动机和需要

每个人行为背后都有自己的动机，如果家长能够看到孩子不按照计划执行这种行为背后的动机，就不会对孩子的行为有情绪了，孩子也会因家长的理解而开始反省自己，更愿意与家长交流。当亲子间可以顺畅沟通的时候，很多问题也就迎刃而解了。

2. 要区分需要和策略

很多家长不知道孩子到底想要什么，其中的一个主要原因也许是：他们不能够理解需要和满足需要所使用的策略之间的区别。比如孩子“暂时不睡觉”不是一个真正的需要，它只是满足需要的一个策略和方法，真正的需要可能是孩子想再多玩会儿(放松和娱乐)。家长要学会区分“需要”与“策略”。如果父母可以带着尊重，把注意力放在策略背后的真正需要上，家长和孩子之间就不会因具体采取什么策略满足自己的需要而纠缠不清了。如何在沟通中区分需要和策略，可以根据下面的对话示例了解。

对话一：

孩子：我现在不想睡觉。

家长：不行，现在不早了，明天还要上课，你必须睡觉了。

孩子：可是我现在不困。

家长：可是你如果现在不睡觉的话，明天就起不来了，会耽误上课。

孩子：我不会耽误的。

家长：你肯定会耽误的。

孩子：你怎么知道，我不会！

对话二：

孩子：我现在不想睡觉。

家长：你是不是现在正玩得开心，还想玩一会儿？

孩子：是的。

家长：是这样啊。我能和你说说，为什么我让你现在去睡觉吗？

孩子：好吧。

家长：我想让你早点休息，这样明天早晨就可以按时起床上课。因为我发现，如果你在十一点以后睡觉，第二天早上就会很疲惫。我这样说，你能明白吗？

孩子：妈妈，我明白了。

对话一会让双方都感到沮丧、不被尊重，这样就会产生冲突，还有可能会升级。如果在表达之前，家长能够用尊重的态度先去倾听孩子的需要，就有可能获得更深的亲子联结，孩子就更愿意配合和合作。

对话二中，家长表达了自己的需要，也看到了孩子的需要，这样也许孩子会更愿意去睡觉。或者家长也可以设定一个时间，允许孩子再玩一会儿，也就避免了亲子之间的冲突。

希望家长能看到突发事件也是和谐亲子关系形成的一个契机，这需要家长对孩子付出耐心和爱心，不仅仅是警示孩子预防疾病和单纯的督促学习，而是应该引导孩子身体力行，尊重和接纳孩子的需要，加强亲子交流沟通等等，用高质量的陪伴提升与孩子的亲子关系。

四、与孩子平等对话，因势利导，明确“爱”的界限

因为爱，父母希望孩子一生按部就班地按照自己的期望成长，强迫孩子做“正确”和“应该”的事情，不走或少走弯路。然而，披着爱的外衣实际上是缺乏界限感的控制欲，蒙蔽了父母的眼睛和内心，看不见孩子的痛苦。

【案例 20】一位妈妈的“委屈”

因为新冠肺炎疫情的蔓延，全国的学校都推迟开学。妈妈担心孩子课业跟不上，在没有和女儿商量的情况下，就给女儿报了网课。但是最近学校也开始上网课，女儿几乎一整天都在上课。她觉得很累，上网课时情绪就不太好，经常表现得不情愿。妈妈非常生气地指责女儿：“多学点对你没坏处，这不都是为你好！”“就是坐在那儿上课，有什么累的？”妈妈还生怕孩子偷懒，经常在孩子上网课的时候找借口进去窥探，还在课后翻看女儿的作业本。孩子感觉到被监视，

上课时就把门反锁了。哪知妈妈发现门被锁以后，情绪也激烈起来："你在屋里干什么呢？快给我开开！"孩子也大喊："你不要老找借口监视我！""你在里面还不知道在干什么，我得监督你！我这么辛苦还不是为了你好！"妈妈的这句话让女儿的情绪也爆发了。女儿近乎咆哮地说："不要总是说为了我，我宁愿没有你这个妈！"经过这么一闹，母女俩相互不说话，冷战了将近半个月，生生地变成了仇人。

【心理专家支招】

青春期的孩子受荷尔蒙的影响，情绪阴晴不定，家长应该平等地跟孩子对话，而不能像例子中的妈妈那样大发雷霆，监视孩子，使得亲子关系剑拔弩张！亲子之间冲突加剧的主要原因是：家长对于青春期孩子的心理特点不太了解，对于亲子关系中的界限没有明确。

1. 尊重青春期孩子的特点

儿童期的孩子从心理上是依恋父母的，而青春期孩子的关注点和情感依恋已经从父母转向了同伴关系，他们希望获得同伴的喜爱和认可，因而更渴求独立自主。父母的过度干涉，会在一定程度上损害孩子的独立性，使得孩子没有机会尝试用自己的方法降低焦虑。像案例中的妈妈那样全方位、无间断的关注，反而会让孩子产生强烈的反抗情绪。密不透风的关注和陪伴，让孩子窒息，也让父母自己崩溃。

2. 亲子关系应有界限

家长给了孩子充裕的爱，却忘了亲子关系也需要界限。每一个孩子都是一个独立完整的生命个体，孩子不是家长的附属物。他有自己的思想、个性、爱好和习惯，家长需要了解、尊重、接纳这个生命，平等地对待他。

那家长应该如何与孩子保持合适的亲子界限呢？

第一，家长需要树立“界限”的意识，知道哪些是孩子的事，哪些是自己的事。

家长有时并不清楚孩子的想法和情绪，案例中妈妈那句“我这么辛苦还不是为了你好”，其实是妈妈自己焦虑情绪的表达，她把自己焦虑情绪的原因都归结到孩子身上，引起孩子强烈的反抗。妈妈应该问问自己：这个情绪是谁的？为什么会产生这样的情绪？进而让自己冷静下来。妈妈如果能觉察并感受情绪背后的需求——对疫情结束的不确定性，担心孩子会落下功课，如果能跟孩子分享这种焦虑，而不是不经过孩子同意就报了课外线上辅导课，一定会获得孩子的理解。在课业学习负担加重后，孩子有不情愿时，妈妈如果能认真倾听孩子的想法和感受，真诚地提出建议，而不是一味否定孩子，变本加厉地训斥孩子，就一定不会出现以上的亲子矛盾大爆发了。

第二，孩子的事尽量让他自己做，不替他做过多的决定，让他为自己的行为负责，自己承担后果。千万不要在后果出现的时候，一边抱怨孩子刚开始的时候不听劝告，另一边又想办法主动替他承担，这样做孩子很难对自己负责任。

疫情给家长提供了一个很好的学习机会，家长可以好好利用与孩子相处的时间，找准自己的角色定位，要用成年人的态度去与青春期的孩子平等共处；更要学习如何了解孩子的真实感受，学习如何与孩子进行更有效的沟通和交流；加强自己的情绪管理和控制能力，同时跟孩子保持恰当而清晰的界限，留有彼此的精神空间，这样才能顺利地跟孩子一起度过非常的抗“疫”时期。

五、调节自己情绪，培养共同爱好，才能“相看两不厌”

疫情期间，出于对疫情的控制和个人的防护，不能去上班的父母和不能去上学的孩子，由于冲突不断，会使亲子矛盾升级。

【案例 21】“相看两相厌”的亲子矛盾

小晴是某职业学校的一名一年级学生。因为小区突然出现了传染病的病例，小晴家所在的单元楼被封锁了。小晴不能去上学，爸爸妈妈也不能去上班。“我和爸爸妈妈一直待在家。开始还好，时间一长，我妈就天天找我的茬，总说‘不要一天到晚玩手机了，就知道打游戏。’可是我不看手机也不知道能干啥，能跟他们说啥，真的很难沟通。每天待在一起，也出不去，本来就烦，我妈一开口我更烦了，躲都躲不掉，我该怎么办？”

【心理专家支招】

我们能感受到小晴的“烦躁”情绪，而这个情绪又不被家人接受，或者家长本身也是有情绪问题没有处理好，所以就出现了“同处一个屋檐下，谁看谁都不顺眼”的状况。

1. 接纳焦虑情绪的你

暂时的与世隔绝使你产生烦躁、焦虑等情绪，这是正常的。你需要尝试接纳这个有些焦虑的“你”，同时去接纳那个也同样有着焦虑情绪的“妈妈”。在这一点上，你们是相似的，你们可以就这一点展开一些交流，比如试着跟妈妈说：“我能感觉到你的焦虑，我也同样处在焦虑之中。我不断看手机，其实是想找寻一些利好的消息，或者能让我情绪稳定下来的信息。”可以跟妈妈谈一谈让情绪缓解的方法，我相信在情绪稳定的基础上，你们一家人还是会有很多共同语言的。

2. 平等的沟通

尝试以平等的身份跟家人沟通，就好像是对朋友一样。我们可能对待朋友很客气、很礼貌，而对待最亲近的人却不耐烦和脾气暴躁。这段特殊时期把我们一家人都聚在一起，这是个跟家人沟通交流的好机会。帮父母分担一些家务、给他们讲一些新近发生的事情、一起看看有趣的视频，全家围坐在一起观赏电影，或者一家人一起看看家庭相册，聊一聊你小时候的事情，回忆一下一家人这么多年共同经历的风风雨雨，相信这些都会缓解你们之间剑拔弩张的关系，也能让情绪慢慢稳定下来。一家人在一起最重要的是心往一处想、劲儿往一处使，同心协力、彼此支持，才能相互陪伴走过非常时期。

第二节　突发事件下的师生关系冲突的应对

突发事件给我们的生活、学习和人际交往带来很多影响，除了亲子关系，学校中的师生关系也受到一定的影响。

一、与孩子站在一起，倾听孩子的倾诉

师生在学习互动中，孩子会因为老师布置的作业太多、提问太多而产生对老师的厌烦和愤怒。这时，家长的正确引导就显得尤为重要。

【案例 22】别让对抗成为阻碍孩子学习的绊脚石

张先生的女儿 15 岁。最近他发现女儿很抵触上英语课，老师布置的作业也不认真完成。经询问孩子后，张先生了解到英语老师是一位十分严格的老师，总提问孩子掌握不好的知识。女儿有一次回答不正确，被老师很不客气地批评了，女儿感到很丢脸。另外英语作业布置得也很多，孩子抵触情绪很强烈。张先生求助，该怎么做来改变孩子对英语老师的看法？

【心理专家支招】

孩子不喜欢老师，是导致孩子厌学的直接理由，但是孩子为什么会讨厌老师呢？家长会因为孩子讨厌老师导致学习成绩下滑而着急、担心，容易给孩子讲一些理解老师做法的道理，可孩子不一定会接受这些道理，反而会觉得父母与老师站在同一条战线上来要求自己。孩子不被老师和家长理解，可能会更加厌学。所以家长此时要多听听孩子的想法，在孩子充分表达之后，家长要与老师主动沟通，共同帮助孩子解决学习中遇到的问题。父母应该成为孩子的支持者，而不是评判者、监督者。

1. 家长要用同理心来与孩子对话

孩子生气地说："英语课上听写单词，我错了五个，英语老师就罚我每个单词抄写十遍。这样的惩罚太重了，我讨厌这样的老师！"家长要共情孩子的情绪："只是错了几个单词而已，就罚你每个单词抄写十遍，这个惩罚确实有点过分！假如我遇到这样的老师，我也会不喜欢他的。"孩子也许会接着询问："你上学的时候遇到过这样的老师吗？"家长回答："遇到过啊，当时我就觉得老师太过分了，不会的题目要再写好几遍，卷子上出错的题要反复改错，很多同学都不喜欢那个老师，结果功课就越来越差。"孩子奇怪地问："那你们对老师没意见？"家长回答说："和你现在一样啊，也不满意，但想到学习是自己的事，如果我做得更好，老师就不会罚我了，于是我更加努力——最终考入大学。"

2. 不要武断地批评、指责孩子

如果孩子不喜欢某位老师，不要生硬地直接批评、指责孩子，应该耐心询问孩子不喜欢老师的真实原因。在倾听的过程中，父母不要急于表达自己的态度，要给孩子一个发泄、倾诉的机会。

3. 主动与老师沟通

父母要主动与孩子的老师多沟通，向老师询问孩子在学校里的表现，从而获得老师的帮助和支持，同时将孩子在家里的学习情况告诉老师。如此沟通有助于老师和家长都更好地了解孩子、帮助孩子，这对共同教育孩子，避免孩子对老师产生抵触情绪是十分重要的。同时也要鼓励孩子多与老师沟通，表达自己的真实想法。

4. 引导孩子聚焦自己的目标

引导孩子不要因陷入老师怎么对待自己的一些事件中产生情绪而对抗，多问问孩子上学想要达成的目标，如果实现了目标会有怎样的好处。孩子与老师对抗也反映出他对自己学科的不满意，要适时地看到孩子在学习方面的长处，给予鼓励，建立孩子的自信心。并告诉孩子爸爸妈妈相信他，在需要的时候会全力支持他，让孩子感觉到自己不是独自战斗，还有支持和理解的力量。

孩子遇到困难的时候，不是家长说教、指责他的时候，过多的教育会让孩子觉得自己什么也做不好。他既希望得到爸爸妈妈的帮助，又希望自己具有独立解决问题的能力。所以此时，父母应给孩子更多的鼓励与信心，让他看到解决矛盾的可能性，并允许孩子尝试自己调整，这样他就不会因苛刻地要求自己、要求老师，而产生不必要的情绪，进而影响学业了。

二、主动建立支持系统，学会独处

青少年处在人生发展的重要时期，遇到突发事件时，在主动寻求心理支持的同时，要学会“享受独处”，在独处中独立，顺利度过非常时期。

【案例 23】愿望实现的小李同学竟然不开心

小李同学最大的愿望就是：祈求上天给我一个有WiFi、有食物、有舒适大床的房间，我要在里面住上一辈子……不知道你们有没有这样的愿望？

今年冬天，一场暴雪突然袭击了小李同学所在的城市，气温骤降、交通瘫痪，人们出行不便，只能待在家，偶尔出门购买生活必需品。因为暴雪导致学校停课，小李同学的愿望居然实现了，但他却并没有想象中那么高兴。他向班主任王老师抱怨说：“老师，我实在是憋得慌……每天待在家里好无聊，我好想我的同学们，好想学校的操场，烦死人了。”班主任王老师每天都能感受到同学们的抱怨情绪，心情也很烦躁，直接对来电的小李同学说：“好好在家待着，就你事多。”师生互动陷于僵局之中……

【心理专家支招】

1. 觉知当下情绪

班主任王老师的情绪受到了突发事件的影响，可以觉察一下，他发怒的情绪背后，也许存在一些恐慌和失控感。可以用正念身体扫描的方法先让自己静下来，感受身体里蕴藏的生命力。做过这些体验后，可以选择适当的时机，在班级微信群里把自己的感受表达给孩子们，不讲大道理，理解孩子们的情绪反应。

2. 做好合理规划

同学们长时间待在家里会觉得寂寞、无聊、惶恐不安，一心想逃离这种寂寞。这时，我们需要静下心来，调节好情绪，建立有规律的生活，制订好合理计划，通过阅读、歌唱、绘画、做手工、健身等方式来充实自己的生活，做到劳逸结合、动静结合，安排好自己和家人的每日居家生活。

3. 建立心理支持系统

同学们可以使用手机、电脑、微信、QQ 等网络媒介，保持或主动与同学、朋友线上联系，互诉心事、聊学业情况、聊日常琐事，比如我们可以跟好友相约，做同一道菜肴、同一件手工。虽然我们身处不同的空间，但是通过分享做同一件事的感受、体会，心理空间可以无限地接近。这样不仅可增进亲密关系，还可获得及时的关心、帮助和支持，化解自己内心的担忧，同时也给予对方支持和关爱，增进联系与友谊。

4. 要学会独处

儿童期的孩子处于独处状态的时候，会因为缺乏安全感而感到焦虑和不安，这是因为儿童的自我意识还不够健全。到了青春期以后，同伴的认同与人际关系虽然是我们所需要的，但同时独处的需要也逐渐增加。独处是由于社交的短暂中断，对自身主动的自省和洞察。主动调节自己的情绪，是自己给自己充电的过程。正如弗洛姆所说：“人既寻求与他人的密切关系，又寻求自己的独立性。”

那如何学会独处呢？首先，要敢于面对独处，这是非常关键的一步；其次，要对自己有信心，相信自己有能力独立处理眼前的困境，最终能够超越自我、超越困境；第三，要积极思考、勤于行动，在思考和行动中你会忘却孤独与寂寞，获得充实感与快乐；第四，也是最需要提醒大家的，千万不要寻求一些消极的方式来排遣孤独，例如借酒浇愁，沉迷于网络游戏等。这些方式虽然暂时让你忘却了孤独感，但是它会损害你的精神，制造新的困惑，阻碍你的成长。

在积极充实自我的同时，要尽可能多地进行人际交往，在交往活动中学会善待自己。

第三节　突发事件下的同伴关系冲突的应对

突发事件的发生，对我们正常的生活、学习会产生很大的影响。在有限的范围内，我们该如何正确处理跟小伙伴之间的关系呢？

一、化解孩子情绪，培养孩子的勇气和责任感

在与人交往中，不可能所有的人都像自己的父母那样，对你宠爱、迁就，总会发生摩擦、冲撞，尤其是在独生子女组成的群体里，同学之间发生矛盾是在所难免的。因此，切不可同学间稍有不愉快就委屈得不得了，也不要因噎废食，不再和同学接触，把自己封闭起来。

【案例 24】忍气吞声的孩子

田女士说："最近受到疫情的影响，孩子在家，不能外出和同学玩，缺少交流的方式，所以经常通过微信、游戏的方式交流、玩耍。"可是她发现在玩游戏的过程中，同学之间会出现一些矛盾冲突，而自己的孩子经常是忍气吞声的一方，冲突过后很生气，又不愿意表达，有时候就会和父母因一些小事发脾气。田女士觉得孩子缺乏直面冲突的勇气，很不利于今后的发展。怎样才能培养孩子的勇气呢？

【心理专家支招】

在我们的生活中，矛盾冲突是在所难免的。孩子们之间经常会发生冲突，平日里父母都会教孩子要热情善良、大度礼让、乐于助人，这样的教育是正确的。但孩子的问题在于：父母只重视了道德教育，却忽视了孩子的社会化教育。社会化教育的缺失让孩子在与人交往时显得心智不成熟。将来，孩子要独立面对纷繁复杂的社会局面，这时如果不会面对矛盾、化解矛盾，没有父母的帮助，自己又拿不定主意，没有力量拒绝别人对自己的侵犯，是会吃亏的。因此，做父母的要教会孩子有自己的主见、懂得拒绝别人。教会孩子学会对自己负责是非常重要的。

1. 先倾听，化解孩子的情绪

当冲突发生后，孩子会处于强烈的情绪中，而当孩子处于这种情绪中的时候，他们听不进任何人的话，不会接受任何人的意见和安慰，也无法接受任何建设性的批评。所以，当孩子和你说他遇到的冲突的时候，先别急着了解事情是什么，和他分析问题，指导他该怎么做，而是要先学会倾听孩子的心声。冲突发生后，孩子其实更希望父母能够理解他们心里在想什么，希望父母明白他们的心情。所以父母要学会少说多听，先听听孩子的表述，无所谓对错，只是去体会孩子的感受。比如可以这样问孩子："孩子，我想听听你的想法，到底发生了什么？你有什么感觉？""那一定让你很尴尬吧？""那一定让你很生气吧？"你会惊讶地发现，当你改变了你的问句，开始倾听孩子、理解孩子的时候，孩子的情绪会很快化解，他也可以理智地看待问题了。

2. 教孩子学会捍卫自己，学会说“不”

冲突的发生一定是双方或一方侵犯了对方的界限，所以家长要教会孩子守住自己的界限，捍卫自己的尊严。在别人侵犯自己界限的时候，要勇敢地对对方说“不”，否则孩子要么通过暴力发泄的方式拒绝，要么不好意思拒绝、忍气吞声。学会拒绝是需要练习的，平时就要允许孩子对父母说“不”，而不是对父母的话言听计从，要培养孩子的独立意识。一个不会说“不”的孩子，他就会失去自我，失去自我就没有力量，也就没有力量去面对冲突，更别说解决冲突了。

3. 与孩子一起头脑风暴，让孩子自己解决问题

父母不要急于给孩子提解决问题的办法，更不要凡事都越俎代庖，代办全包。因为父母不能一辈子当孩子的保护伞，父母建议的方法，也不一定适用于孩子。其实这正是锻炼孩子自己解决问题能力的好机会。家长要和孩子一起讨论如何解决，可以和孩子进行头脑风暴，更多地尊重孩子的意见，让孩子想办法，培养他独立思考、解决问题的能力。父母要放手让孩子经历，这些经历才是孩子最宝贵的财富。对孩子放手并不是不管他，而是在他需要的时候尽己所能地帮助他。让孩子感到父母永远在背后默默支持他，从而敢于尝试、敢于面对各种关系。

4. 让孩子承担属于自己的责任

大部分孩子在事情过后喜欢讨论他人的过失，对别人如何亏待自己念念不忘，很少进行自我评估，不能客观地评价自己做的事情。父母的任务就是要让孩子放松下来，问他们一些能使他们评价自己行为的问题，让他们学会承担属于自己的责任。许多孩子不愿认错，他们会认为如果认错，整个事件的责任就都是他的。而父母要让孩子明白，即使孩子只有 5% 的错，对方有 95% 的错，成熟的人也会为那 5% 的错承担起 100% 的责任。当孩子勇于承担责任的时候，他就开始迈向独立了。

第四章 生活学习篇

突发事件来临的时候，我们很多人的生活会发生变化，比如我们可能只能待在家里、帐篷里或者其他指定的场所。日常的生活被打乱了，人的整个生活会处于一种失去平衡的状态，随之而来，我们的学习也会受到影响，学习的场景、学习的方式、学习过程的自主性都成为我们要面对的问题。面对诸多的变化和失衡，我们该如何适应呢？下面我们将从生活、学习两个方面和大家进行交流。

第一节 突发事件下的生活应对策略

生活中无论遇到什么样的突发事件，都会给我们带来方方面面的影响，这些事件也许会让处于活力状态中的青少年变得沉寂，生活秩序变得凌乱不堪。也许我们被迫待在家里，原来的校园生活变得遥远；也许经历地震后，我们的身心受到了伤害；也许其他突发事件给我们带来不同的伤害。面对生活中这样一些突如其来的危机与磨难，我们该如何去适应，如何去调整呢？

一、合理应对、及时调整，让生活自然常态化

在疫情这类突发事件来临之时，我们都知道要勤洗手、多通风、讲卫生这些基本的生活常识，而且对于消毒工作也有了认识和加强，比如在与外界接触后、乘坐电梯后、回家后、饭前便后要洗手等，有些家庭也开始使用酒精消毒等一些基本防护措施。那么，洗手的频率、消毒的次数是不是越多越好呢？我们来看看这段时间在小慧身上发生的事情。

【案例 25】总觉得手上有病毒

自从疫情发生后，11 岁的小慧就养成了勤洗手、讲卫生的习惯。可是随着时间的推移，妈妈发现小慧洗手的次数要明显多于其他人，对于生活上的很多细节也特别注意：每天洗手次数特别多，有时隔几分钟就要去洗手，而且每次洗手时间也很长。对于自己的学习用品也要不断地消毒，别人碰过的东西都要进行消毒，神经处于极度紧张状态。

【心理专家支招】

小慧的紧张状态是在发生突发事件后的一种正常反应，在对疫情缺少正确了解的情况之下，大部分人都会产生不安全感、不确定感，会特别害怕自己被感染，特别注意自己的

卫生状况。可是如果这种注意超过了一定的度，就会对我们的生活造成困扰。那么我们该如何做呢？可以尝试从以下几方面入手。

1. 科学了解疫情，理性掌握应对方法

突发事件发生之后，每个人都会不同程度受到突发事件的影响。我们要做的就是科学合理地认识疫情，从官方渠道获得有关疫情的信息和预防方法，比如新冠肺炎是一种由病毒引起的疾病，主要临床表现为发热、乏力，呼吸道症状以干咳为主，并逐渐出现呼吸困难，严重时表现为急性呼吸窘迫综合征。新冠肺炎的传播主要通过呼吸道、飞沫和密切接触。如果我们居家，没有与病毒感染者接触的话，就不会有被感染的风险。另外，我们一定要做好个人防护，戴口罩、勤洗手、避免聚众、减少人员流动性。

除此之外，还要有节制地浏览相关疫情信息，理性应对疫情的变化。可以和父母多交流自己的看法，多听听父母的看法和建议。

2. 合理调整认知，适时调整自身状态

首先，不同年龄阶段的人在面对心理应激时会有不同的表现、不同程度的影响和不同的身心反应。有的人反应强烈一些，有的人反应稍弱一些，这些都是正常的反应。不要因为自己的行为责怪自己，或者认为自己与大家不一样就否认自己。

其次，当发现自己的行为与日常有所不同时，先接纳自己的状态，然后再适度地进行调整，比如可以规定一个洗手

的时间、消毒的时间，或者当自己想要洗手的时候提醒自己暂时还不需要。

二、学会适应、合理规划，让生活依然富有色彩

疫情发生后，我们响应国家的号召待在家里，很多原来的交往都被迫中断了。每天单调的生活方式，使很多人感觉到生活很无聊、很压抑，不知道该干什么，有些人甚至对每天吃什么都失去了兴趣。尤其是活力四射的孩子们，每天足不出户不仅禁锢了他们的身体，更是约束了他们的精神。有些孩子变得无精打采、无所事事。

【案例 26】宅家越来越慵懒

12 岁的男孩鹏鹏性格开朗，每天喜欢和同学们一起玩。自从疫情发生后，小鹏每天只能待在家里，不能出去打篮球，也不能和同学一起玩游戏。假期延长后，他整天在家里无所事事，一开始还没什么感觉，可是随着在家待的时间越来越长，他发现自己的生活越来越没有意思，精神状态也不是很好，做什么都提不起精神来。

【心理专家支招】

处于青春期的孩子们，需要与同伴交往，他们的生活应该是丰富多彩的，可是一旦自己的生活节奏被打乱了，生活乐趣就会受到影响。之后，就会变得不知所措，感觉空虚、

无聊。那么面对这样的情况该怎么办呢？

1. 学会适应，明白此时我们处在非常态的生活环境中

同学们长期待在家里，平时的生活作息时间发生变化，可能会产生一些不适应。这个时候，首先要调整自己的状态，告诉自己现在只是非常时期的非常状态，这样的状况不会持续很久。自己内心要明白，在这样的情况下及时调整适应能力的必要性。

2. 学会转变交往对象

平时我们交往的对象是同学、老师，还有自己的小伙伴，而此时我们的交往范围缩小了，限定在家庭里。很多孩子由于处在青春期，在平时与父母的交往都充满了火药味，此时他们每天待在家里，更有可能与父母发生冲突。如果换一个角度来看看如何呢？我们何不借此机会试着和家人交往，利用这段时间进行家庭建设，比如你可以帮助家人做做饭、洗洗衣服、收拾房间等，还可以与父母共同讨论一些事情，讲一讲自己的想法，把自己对某些事情的看法，和父母坦诚进行交流，另外还可以共同玩一些家庭游戏，增进亲子关系。

3. 积极规划自己的生活，培养积极的兴趣爱好

这段时间我们可以对自己的生活进行重新规划。原来由于时间紧张，我们的一些兴趣爱好无法实施，现在除了网络课堂的学习之外，我们的空余时间明显增多。我们可以利用空余时间弥补自己未完成的心愿，可以看电影、看电视、听音乐、健身、学习感兴趣的网课、阅读等等，不断发现和拓展自己的兴趣爱好。

4. 进行自我关怀，用对待好友的方式对待自己

首先，想象你的好友在你面前。当他告诉你他很无聊时，你会说些什么话来安慰和支持他呢？然后把这些话说给自己听。这个时候，我们采用了角色互换的方式，也就是通过帮助他人来帮助自己解决问题。

三、让生活规律、正常、有意义，每一天都爱自己

自从宅在家里之后，很多人逐渐发现许多的不适应慢慢呈现了出来，比如感到时空颠倒错乱、行动力匮乏、什么事情都不想干、做事情没效率、学习效率低下、对什么都没有兴趣等。如果同学们能调整好状态，就会感受到生活原来是很有意义的。

【案例 27】疫情宅家生活不规律

14 岁的小凯最近特别烦闷。受到疫情的影响，他已经待在家里一个多月了。刚开始他还挺开心，后来发现自己还是很难适应这样长期居家的生活。首先因为作息规律的改变，他晚上睡不着，早上起不来，身体总是感觉浑身无力，干什么都没有兴趣。其次很多与父母长期相处的不适应也呈现出来。

【心理专家支招】

当正常的生活节奏被打乱之后，我们就会出现不适应。这些不适应会以各种方式呈现出来。当我们面对这些变化而

又无法快速调整自己的状态时，就会给我们造成一定的影响，严重的会影响到我们的身心健康。

对于长时间居家生活的这些不适应，作为学生的我们该如何办呢?

1. 有计划地安排自己的生活，让生活规律化

制订一个作息时间表,按照自己的规划做事,包括：学习、做家务、活动和娱乐等。

2. 形成正确的认知，让生活正常化

我们要知道居家隔离的状态，这是一个新常态，而不是一个病态。大家都这样,大家都待在家中,而不是只有你自己，不是只有个别人。当我们能够这样去看待问题和认识问题的时候，我们的心态就会平和许多，看待目前的状况也能多一些理解。

3. 赋予新的意义，让生活意义化

在这个时期，我们要把自己的生活赋予一定的意义。我们可以想想那些医务工作者的辛勤付出，想想一线人员为了大家的安危在努力，想想我们每一天待在家中就是对社会的贡献，想想那些生命垂危的患者对生活的渴望……每一件事情在今天这样一个状态之下都有它特定的意义所在，这样，无聊的生活就会被各种各样的意义填满。

4. 记录每天的生活点滴

可以记录自己的情绪波动和心理轨迹，也可以记录自己的生活收获，还可以写下两三件今天发生的、让你平静或快乐的事。你可以把它们写在便利贴上，贴在床头、电脑旁边

等显眼的位置。感到无聊时，看看它们；感到沮丧时，让它们给你安慰。

四、拥有积极心态，危机中也能发现转机

突发事件发生后，有些人成了直接受害者，比如被迫隔离者，此时的他们身心都在承担着我们无法想象的痛苦。对于他们来说，这样的日子会比待在家里更难受，他们的生活已经完全脱离了正常的轨道：与父母的分离，加深了他们的思念；可怕的病情，加重了他们的担忧。而处于青少年时期的孩子们，他们还没有完全独立，面对生活的变化更会感到束手无策。

【案例 28】中考前得新冠肺炎的忧虑

小艾同学今年 15 岁，上初三。令她没想到的是，在自己迎接中考最关键的时候，遇到了全国性的疫情，而且她还不幸被感染，被迫待在了医院里。原本的复习计划全部被打乱了，学校不能去了，课外辅导班不能上了，同学见不到了，遇到问题也不能及时与老师交流了，更让小艾难过的是见不到自己的父母，她感觉到特别害怕。在医院期间，由于是轻症，小艾本想有时间再看看书，可是一段时间以来，她感觉自己学习效率特别低下，总是无精打采，原来信心满满的复习计划也懒得去执行了，整个生活处于一片混乱与无力之中。

【心理专家支招】

突发事件的直接受害者在身体和心理上都在承受着压力，他们的生活与我们正常的居家隔离是完全不一样的状态。在这样的状态下，他们除了心理上的紧张、焦虑、不安、恐惧之外，生活也完全被打乱。而青少年在处理突发事件和遇到问题时还缺少一定的经验，不由自主地就会陷入无序和慌乱之中。那么，对于这样的状况，我们该怎么办呢？

1. 配合治疗，了解疫情

首先要做到的就是积极配合医院的治疗，遵从医生的安排，尽快让自己的身体恢复健康。在这个过程中，可以和医生、护士进行一些简单的沟通交流，向他们了解一下疫情发生的基本情况，增长自己的防疫知识。

2. 拥抱变化，培养正向积极的心态

面对突如其来的变化，我们会感觉到自己被隔离是一件特别倒霉的事情，怎么生活一下子就发生这么大的变化呢？正处于青少年时期的我们更是一时无法接受，更无法沉着应对。可是事情已经发生了，我们该怎么办？怨天尤人没有用，唉声叹气没有用，萎靡不振也没有用。如果我们转化一下心态会如何呢？比如这样想：我还仅仅是一个轻微的感染者，真是好幸运啊！还有这么多的医生、护士照顾我，他们好辛苦啊！这段时间和我一样的人有很多，很多人和我在一起，我们一定会战胜疾病！这样可以把疫情带给我们的影响，转变为我们培养适应能力、积极思维的好机会。当我们能够这

样看待和思考问题时，我们就可以安心地学习，安心地接受治疗了。

3. 适当学习

这个时候，身体的免疫力低下，不宜太劳累，所以在康复期间只需要适当学习即可，学习强度不能太大。这个时候，你可能会担心课程落下了很多，担心复习效果等等。可是此时，你最该关注的是身体的健康。当我们身体康复之后，再进行整体、有计划的学习也不迟。俗话说，身体是革命的本钱。没有身体，其他不都为零吗？所以记住，照顾好自己是第一位的。

五、打开心结，重树生活信心

在突发事件发生之后，尤其是地震后，我们会发现，由于遭受了自然灾害的严重影响，有些同学不仅在心理上受到了创伤，甚至在身体上也留下了残疾。面对这样的现实状况，很多同学一时无法接受，更无法适应这样的现实。这不但在生活上给他们造成了诸多的不便，也严重影响了他们的心理健康和情绪状态。

【案例 29】地震中失去右腿的痛苦生活

14 岁的男孩小鹏在地震中失去了右腿。每当看到自己空荡荡的裤腿时，他的内心就撕心裂肺般地痛。由于失去了右腿，他的生活增添了诸多不便。原来喜欢的篮球不能打了，自行车不能骑了，甚至连基本的生活都变得难以自理。在这样一个痛苦的过程中，他的脾气变得越来越暴躁，对生活也失去了兴趣。

【心理专家支招】

身体有残疾的学生的心理冲突和困惑要比正常学生复杂，易有脆弱、敏感、自卑，甚至封闭自己等情况。他们需要的是心理关怀，而不是同情和过度的帮助。通过心理关怀，他们会在平等、尊重、信任、互助、支持的环境中健康成长，并促进其形成良好的人际关系。尤其是地震后致残的学生，建议多参加同质团体辅导，需要的话再进行个体辅导。

1. 团体辅导（适合有经验的带队领导者使用）

地震后很多人会出现相应的心理应激反应，尤其是身体致残的同学会对今后的生活产生各种烦恼，甚至感到绝望。通过危机团体干预可以有效地给予身体致残的同学心理支持，有效地纾解震后艰难阶段的身心压力。在安全的团体环境中，分享危机事件中的真实感受和反应，可以建设性地运用团体的支持给予自己勇气和力量，进而去面对今后的生活，将痛点转化为成长点。系列团体干预计划书（共 6 次，每次 1 个小时）具体如下：

团体辅导干预计划书

单元	主题	目　标	活动内容	材　料
1	团队共建	①引发个人参与团体的兴趣和热情 ②认识并接纳团体伙伴 ③了解团体目标与规则	①热场：自我介绍 ②遵从游戏 ③团体契约：保密 ④团队展示	白纸 钢笔 水彩笔
2	合作共赢	①激发团队合作精神 ②明确任务，分工合作 ③增进团队凝聚力	①热身：金嗓子 ②拼图 ③分享展示 ④齐唱：你真得很不错	拼图 图片 胶带
3	拨开迷雾	①全方位认识自我 ②明确自己的重要性	①热身：大风吹 ②分享新视角的我 ③冥想：我很重要	钢笔
4	云过日出	①学会面对生活事件 ②重建自信，点燃生活希望	①热身：刘伟的故事 ②说自己的故事 ③齐唱：我相信	彩虹糖
5	重要他人	①体验他人对自己的期望 ②学会珍爱、珍惜	①热身：成长链 ②我的五样 ③冥想：我很重要	钢笔
6	生命彩虹	①体会生活的坎坷 ②展望未来生活	①热身：雨点变奏曲 ②我的生命线 ③冥想：生命列车	钢笔 A4 纸

注意事项：

1.活动中要照顾到因地震导致用手不方便的同学。

2.在每次活动中，充分分享自己的感受，认真聆听他人的生命故事，去感悟和启发自己。

团体辅导可以提供一种安全互动、相互信任的环境与氛围。通过成员的分享建立支持系统，不仅能把内心的苦闷充分宣泄，更可以从他人的故事中寻求共鸣、力量和勇气，还能正确认识自己、接纳自己，进而勇敢面对现实，树立生活信念。

2. 个体辅导

如果通过团体辅导干预，还有个人的困扰，可以求助心理专家，进行个体辅导。在保密的原则下，将自己内心的苦闷表达出来，心理专家会运用各种心理技术给予温暖、有效的帮助，提升自我价值，重塑自信，积极去面对今后的生活。

第二节　突发事件下的学习应对策略

当突发事件发生后，同学们的学习也会出现一些应激状态，比如：在家里、医院或者指定场所学习，状态变得跟往常截然不同，学生在学习的时候注意力会转移、对自己安排的学习计划充满疑问，甚至感觉自己原来良好的学习状态不会再有了。

下面，我们就同学们在突发事件下共有的学习困扰，给大家一些小方法，帮助大家理顺和有效实施自己的学习计划，把计划落实在行动上，安下心来高效学习。

一、延期开学，需要很快适应新的学习模式

突如其来的疫情，使得同学们不得不待在家里，但在开课不开学的要求下，同学们需要在网络上进行学习，学习模式的改变也造成了诸多不适，比如不适应网络课堂。同学们离开了熟悉的校园、熟悉的班级，远离了与同学讨论问题的环境，居家通过网络课堂进行学习，这样的形式让很多同学产生了各种不适应。

【案例 30】居家学习的不适应

乐乐是个 12 岁的女孩，活泼开朗。她学习很上进，课堂上听课认真，爱举手回答问题，课下遇到不懂的知识点，经常会与同学们讨论，也会到老师办公室找老师问问题。这次寒假期间，全国突然暴发了前所未有的疫情，假期也被延长。在即将开学之时，她接到班主任的通知，为响应教育部停学不停课的号召，老

师将通过网络课堂授课。几天下来，乐乐感觉网络课堂没有了与老师、同学的互动环节，这样上课没有趣味，她非常不适应这样的上课模式，因此非常苦恼。她很怀念过去与同学、老师在教室一起学习的时光。

【心理专家支招】

很显然，乐乐的苦恼与大多数同学一样，她虽然懂得在疫情期间，必须以这样的方式进行学习，但还是有诸多的不适应。也就是说，理性上是能理解，感性上不接受。如果不能很快适应网络课堂教学的话，她上课的热情度就会减弱，今后的学习进度会跟不上，随之而来的就是老师所讲的知识点会一知半解，学习效果直接受到影响。那么，同学们如何尽快适应这样的听课模式呢？我们建议从以下两方面着手。

1. 了解突发疫情下的应激原理

当个体遇到一些重大疫情时，就会产生身心整体性的调适反应，就是我们通常说的应激反应，包括生理反应和心理反应。生理反应有血压上升、心率加快和呼吸加速等；心理反应有情绪反应、自我防御反应、应对反应等。也就是说，当我们意识到外界发生重大变化或存在威胁时，生理和心理都会调动一系列的机能来应对，称为应激反应。在认知方面的反应，就是会出现学习注意力不集中，记忆、思考能力下降。因疫情而假期延长，学生通过网络课堂学习带来的各种反应即是个体出现的正常应激反应。

2. 积极态度去适应

我们一起先做一个小试验：请大家把双手交叉，看一下大拇指是左压右，还是右压左？不论是左压右，还是右压左，想一想，为什么你会那么自然地交叉在一起？是不是因为你觉得这样很舒服？因为这样的交叉方向让你觉得很自然。延伸到你的学习模式上，就是你已经习惯了原来周而复始的到校上课、听课的学习模式。

现在，你再改变大拇指的方向，原来左压右的改变为右压左，右压左的改变为左压右，再问问自己此时此刻的感觉，是不是会感觉别扭、难受呢？这就是当我们改变某种习惯模式之后，出现的各种不适应。就像我们遇到这次疫情，不能按照原来的模式生活、学习，就会出现难受、痛苦甚至抱怨的情绪。但如果我们科学地了解了疫情，我们就会积极努力地适应和配合当前的举措，放平自己的心态。当你积极接纳，自然就会努力接纳网络课堂，积极改变原有的听课模式，慢慢调整学习状态，自然也就逐渐适应这种学习模式，规划好当前的学习计划。

所以，科学了解疫情是适应的前提。面对疫情这样的应激源出现应激反应很正常，关键是我们该如何去适应。积极接纳了，自然也就能静下心来学习了。

二、居家学习的自律性需要计划与行动

受到疫情的影响，多个省市发布了推迟开学的通知。史

上最长寒假、线上教学，这对学生来说完全是一场对自制力的考验。拥有良好自制力的同学，很可能通过这个假期弯道超越。

那么，怎样判断自己是否有自制力？如何提高自制力？希望下面的建议能对同学们有帮助，一起来试试吧！

【案例 31】居家学习不自律

14 岁的男孩帅帅经常对自己说：“从明天开始，我就好好按照计划学习。”甚至写下“誓言”：把学习计划细致到每一天、每一节课！他警告自己：“不尝试一下，你怎么知道自己做不到？相信自己一定可以做到！”写下这些话后的几天内，帅帅决定要洗心革面、痛改前非，拿出了全套的辅导资料放在书桌前。他甚至想：“只要我努力，一直坚持下去，就会有进步！”可是没过几天，他就又恢复了原样。

【心理专家支招】

这位同学的问题属于缺乏学习自制力的问题。自制力并不是什么新鲜词，简单来说就是能够自觉控制自己的行动和情绪，集中注意力去达成自己原本的目标，而不受其他事情干扰的能力。同学们可以试试以下这四个方法来锻炼自己的自制力。

1. 不让借口欺骗大脑

每次你不想学习的时候，就需要留意一下自己找的借口。比如总喜欢告诉自己：“再玩 5 分钟游戏就去学习啦！”然后时间过去之后，又会对自己说："再玩1分钟"。于是1个小时、2个小时之后，玩得有些累了，就想："要不再休息一会儿吧。"

当你遇到这种状况时，你需要做的是告诉自己："我只要再学习15分钟就可以玩手机。"当15分钟到了的时候，你可以说："要不然我再学习15分钟。"如果你是"喜欢做自己擅长学科的人"，建议你从自己喜欢和擅长的那个学科开始学起；如果你是"喜欢挑战自己"的人，建议你从自己不擅长的学科开始，这样你可以对自己说："我就不信了，这道题做不完，就不看手机。"

2. 坚持计划，多了不做

对于"计划总是坚持不下去"的同学，正确的做法应该是：每天按照自己的计划，按部就班地进行，然后根据水平和实际情况，逐步增量。但是记住，不要心血来潮一天完成过多的任务，这样会提前透支大脑的满足感。而且你的身体更容易感到疲倦，计划当然不容易完成。

3. 立刻行动、保持状态

要学会逼自己学习。很多时候，当你想要逼自己学习时，却常常更加想要玩手机。这个时候，你要"以退为进"。

4. 找人监督、高效学习

这个人可以是你的父母、老师或者同学，也可以是在社交网络上认识的跟你一样热爱学习的小伙伴。总之，能帮助你一起学习、一起进步的就好。

自制力强的人，永远分得清主次，拎得清什么是学习，什么是玩乐。作业或者考试在没有自制力的人那里，是压力；在有自制力的人那里，是动力。这就是本质的区别。拥有良好的自制力，不仅在延迟开学期间对学习大有用处，而且对你以后的生活都影响深远。望所有同学共勉！你比你想象中的更强大，不如就从今天开始证明！

三、居家学习需要科学合理使用电子产品

突如其来的疫情改变了广大中小学生的假期生活，也改变了同学们在家的学习、生活模式。对于每位同学来说，疫情带来的紧张、担忧，长期居家的不自由感，以及延期开学的新情况，同学们不仅感到有压力，而且一些同学出现了作息不规律、学习缺乏兴趣、长时间玩手机或游戏等情况。

【案例 32】无心学习的手机控

小新是一个 14 岁的男孩。在疫情期间，他虽然也给自己制订了学习计划，也懂得要静下心来听网络课程，课下要写作业，但每当他看到手机，就像着了魔似的，只对手机“情有独钟”。他甚至给父母许下承诺，绝对不看手机。但还是每天放不下手机，他为此很懊恼。

【心理专家支招】

疫情期间，对学生来说最影响学习的就是手机了，完全不碰绝对不可能，但一定要明确可以用手机的时间与场合。

在学习的时间里，试试用下面的招数来打败手机的诱惑吧！

1. 关闭微信和 QQ 的新消息提醒

微信和 QQ 的即时消息大多都是闲聊，或者不需要立即回复的信息。如果谁有重要的事情找你，他们一定会打电话，或者通过家长联系你的。所以，在听课和学习期间，请将手机关掉或者保持静音状态。学习任务完成后，再针对性地回复信息。

2. 设置群消息免打扰功能

很多同学都会有各种各样的群，有的群十分活跃，每天消息不断，这样会造成大家不由自主地就想查看群消息，严重影响了我们的学习专注度。所以建议同学们对自己所拥有的群进行一次精简整理，退出无意义、纯闲聊的群，将剩余的群打开消息免打扰。学习时间可以直接关闭微信或 QQ。

3. 取消朋友圈照片更新提醒

很多人打开微信看见朋友圈有更新的小红点，都会抑制不住地非要点开来查看一番，生怕错过了什么大事，跟不上朋友们的节奏。

但当你习惯不看朋友圈之后你会发现：其实你错过的都是无关紧要的消息。人与人之间，彼此眼神的交流，面对面分享日常的喜乐，不比朋友圈的点赞更能增进感情吗？

4. 降低更新朋友圈的频率

克制自己发朋友圈、求点赞的心理。幸福是生活中实实在在的感受，喜怒哀乐都可以直接与身边人分享，并不需要通过刻意的“晒”来刷存在感，也不用依靠别人的认同来获得自我满足。

5. 不依赖 PDF 类型的电子资源

很多同学都在用电子课本，也就是 PDF 版的课本，那么就不建议大家再用 PDF 的教辅了。因为事实上，PDF 电子资源不如纸质书便于深度阅读，又不具备 M-BOOK（动态教辅）的情景化、互动化模式，对于学习和掌握知识的帮助非常有限。

在这里，还想提醒家长朋友们，为丰富孩子的居家学习生活，在这个特殊假期里，家长不需要完全禁止孩子使用手机和网络，但要与孩子制订双方都认可的规则，明确使用手机和网络的时段、时长和内容等，并要求认真遵守，保护好孩子的视力和身体健康。同时，家长也要控制好自己使用手机和网络的时间，以身作则，为孩子做出示范和榜样。

四、网络课堂需要有秩序的程序化准备

由于突发的严重疫情，全国各地的学校都推迟开学，并且大部分中小学都推出了网络课堂，这样的形式对于同学们还是比较新鲜的，但同时也带来了一些挑战和困惑。随着网络课堂的开播，很多同学找不到学习的秩序性，没有了头绪……

【案例 33】假期延期后的学习无序状态

小刚是个 11 岁的男孩。从学校网络课堂开播以来，他在家学习总是觉得提不起精神，不像在学校那么有

动力，甚至觉得好像迷失了方向，总觉得听课没有了老师的监督和同学们的合作交流，感觉怪怪的。家里的好多物品都会吸引他的注意力，从而出现了学习注意力不集中的现象。还有就是他感觉自己学习的紧张度也不够，甚至怀疑自己学习能力下降了。

【心理专家支招】

在延迟开学的这段日子里，同学们停课不停学，出现线上听课注意力不集中、感觉学习处于无序状态等状况是可以理解的，毕竟线上听课与往常在学校上课有很大的不同。想在疫情期间解决这些问题，可以根据学校网络课堂安排的学习时间，把网络课堂学习分为课前准备、线上学习、课后巩固三个部分，这样会使得居家学习秩序化。

1. 课前准备

在开始上课之前，我们要做好以下三个方面的准备，即：物品准备、知识准备、心理准备。

（1）物品准备：把与学习课程有关的教材、相关资料和文具准备好，电脑前（或书桌前）干净整齐，没有其他与上课无关的物品；关掉QQ、微信、网页等一切与学习无关的网络程序；提前5～10分钟入座，调试好电脑或手机等设备。

（2）知识准备：做好预习，提前学习操作方法，尤其是直播平台上的提问或者互动的方式，便于课上学习时随时与老师交流。

（3）心理准备：正式上课前，去趟洗手间，确保身体无不适感；关掉电视等一切电子产品，并告知家人自己网络课程的时间，保证家庭环境安静。同时，要让自己放松心情。

2. 线上学习

做好课前准备后，开始正式上课。无论是微课学习还是直播学习，都建议同学们中途不要离开。另外，对于老师讲到的重难点，可以随时在书本上圈画或者记录下来，不明白的地方也可以标注。如果是直播，可以等待老师开放互动环节时及时回答和提问；如果是录播微课，可以反复重听这一部分，直到弄懂为止，要是还不明白，也可以在学完整堂课后及时给老师留言提问。

3. 课后巩固

网络课程结束后，随即关闭电脑，用老师教给你的放松方法稍事休息，再转入练习和作业的完成阶段。同学们要根据老师的要求，合理安排好自己巩固练习的时间，争取做到门门清、堂堂清。

网络课堂具有灵活、自由的特点。只有端正了学习态度，强化了学习的目的性，及时调整好学习方法，学习才能达到秩序化。

五、提升自我管理能力，成为学习的主人

中学阶段的学习内容丰富、抽象性显著增强、教学组织非常严谨。与此同时，一些学科内容会有明显阶梯性增加。学校推迟开学，同学们对自己的学习自我管理慢慢出现了懈

怠。因此，怎样在家也能正常地完成学业任务，也是中学生在这一阶段重要的应激源之一。

【案例 34】宅家学习的懈怠状况

> 小琴是个 13 岁的女孩。自从疫情发生以来，她特别怀念原来在学校上课的感觉。她觉得那样能与班里的同学互帮互助、共同监督，分享在学习、生活过程中的收获。自从没有了老师时刻督促自己、同学之间你追我赶的学习氛围，小琴在学习上产生了懈怠心理，自我管理的信心也逐渐下降。她还经常跟家长说："我没有原来学习的那个状态了。"

【心理专家支招】

同学们原来在学校一直处于有规律、有人管、有目标的状态。现在居家学习，很多同学的这"三个有"出现了不同程度的弱化，这就要求同学们要对自己做出新的调整来进行积极应对。

1. 调整角色定位

角色定位，简单来说就是你觉得你是一个什么角色的人。这样的内心角色直接决定你的思维模式和行动方式。就像士兵和军官，角色不同就决定了他们做事是不一样的状态。现在的形势就要求学生要从士兵的角色转换到军官的角色上来，主动学习，更加自律；而家长的角色就是除了后勤保障，还要承担全日辅助监督的责任；老师的新角色就要求能主动学习适应网络教学的形式。

2. 做好自我管理

自我管理是一个很大的概念，它包括很多方面。今天主要从三个方面给大家一些建议：第一是目标管理，当我们有了明确的目标，就会增强我们的行动力；第二是时间管理，我们要把时间管理好，让我们的时间发挥更大效能；最后就是行为管理，要管好我们的行为，所有的理念最后要落实在行动上。

（1）目标管理：有的同学会说："我的目标很明确，就是每天打卡上课。"但这样的目标往往不能激发我们的动力。我们所讲的好的目标有三个特点：我的、具体的、值得期待的。我们的目标想要激发我们的行动力，必须值得期待，有一定挑战，如果目标定得太低就不能激发我们的行动力。这就是目标管理最重要的合理设定目标。

（2）时间管理：给大家推荐"四象限时间管理法"来帮助大家快速做出决定。比如我们有十件事情都要做，很难决定先做哪件，我们就可以先在纸上画好横、竖坐标，横坐标左边代表紧急，右边代表不紧急。纵坐标上面代表重要，下面代表不重要。这样我们就会得到"紧急重要""不紧急重要""紧急不重要"和"不紧急不重要"四个区域，现在我们可以把我们需要办的事情按情况放在四个区域里，然后按照分类和级别去执行就好了。如下图：

“四象限”时间管理法

①10分钟后提交作业
②10分钟后吃晚饭
③三天内制订出近期计划
④常规锻炼身体
⑤整理房间
⑥整理课堂笔记
⑦给鱼缸换水
⑧预习明天的课程
⑨做家务
⑩调节心情

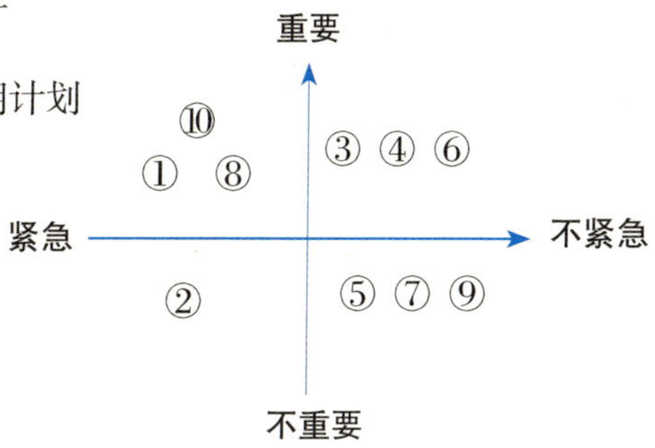

（3）行为管理：怎样才能管好自己的行为，排除干扰，积极行动起来呢？我们建议做三件事情：脸洗干净再学习；书桌功能要单一；主动屏蔽游戏机。这样有助于孩子专注高效学习。

还想提醒家长朋友们，可以督促孩子进行网络学习时随时报告自己的学习情况。遇到不会的问题，鼓励孩子通过网络及时请教老师和同学，或通过网络查找相关信息解决问题。同时，家长每天要抽出时间与孩子交流学习状况，及时给予积极反馈，提高孩子的学习兴趣。这样，孩子们才能在遇到突发事件时，保持良好的自我学习管理的能力，才能真正成为学习的主人。

六、打开内心的安全通道，需要建立安全感

在日常的生活里，我们通常不会感觉到不安全，因为我们生活在自己熟悉的环境里，每天有规律地生活、有规律地学习。但当地震等自然灾害摧毁了校园，即使灾害过后，新的校园重新修建，有时同学坐在新教室里上课，还是会有心有余悸的感觉，这就证明上课的安全感受到了挑战！

【案例 35】地震后学习注意力减弱

小梅是一个 10 岁的女孩，她在家中排行老大，有一个两岁半的妹妹，父亲是出租车司机，母亲务农。她经历了 2008 年 5 月 12 日的汶川 8.0 级地震和 2013 年 4 月 20 日的雅安 7.0 级地震。2013 年 4 月 20 日发生地震时，她正在家中睡觉，爷爷冲进房屋将她保护在自己怀中，坍塌下来的瓦砾压在爷爷背上。半小时后，爷孙俩被家人从废墟中救出。

发生地震两周后，小梅出现双手颤抖明显、做噩梦、半夜经常惊叫坐起、尿频等症状，学习时无法集中注意力，走路不敢走有围墙的地方。父母领着小梅到当地医院神经内科做了详细的检查，包括 CT、脑电图等，已排除病理性疾病，医生建议做心理咨询。

【心理专家支招】

为了防止 PTSD（创伤后应激障碍）发生，对于小梅而言，她急需做灾后创伤应激心理干预。马斯洛的理论指出，安全

感是生存和生命安全的第一需要。这是一个人能够比较正常平稳地生活所必需的。安全感的需要如果不能够得到满足，或者受到威胁，由于其不确定性和失控感，人们就会感到恐慌。所以，可以在良好关系建立的前提下，以及放松状态下建立安全岛。

1. 建立良好关系

鉴于 10 岁女孩小梅双手颤抖等症状，可根据儿童喜欢做游戏的心理特点，教她做手指操，目的有两个：一个是对她的手抖状态做一个评估，为今后的咨询效果做依据；另一个是与她拉近距离，建立良好的咨访关系。

2. 建立安全岛

在催眠状态下给小梅建立安全岛。先教小梅怎样做深呼吸，在进行渐进性放松的指导语暗示下，让其进入催眠状态。

暗示语示例：做几个深呼吸，吸气的时候把新鲜的氧气吸进体内，呼气的时候把紧张呼出体外。好，很好，体验这种放松的状态，跟着老师的指导语慢慢放松你的每一块肌肉……你此刻很放松、很安静。现在想象你在一片风景优美的陆地上，周围有漂亮的花，翠绿的大树，天空很蓝，有微风轻轻吹过你的脸颊，你此刻心情很舒畅、很愉悦。如果你感到愉悦，请动动你左手的大拇指（如果动大拇指，说明她很放松，已经在催眠状态下）。好，老师陪着你一起欣赏美景。这时，我们来到了一片空地，老师和你一起搭房子，这个房子会很坚固，你愿意吗？愿意的话，请动动你右手的食指（如果动食指，说明她愿意）。好！房子搭好了，老师和你一起进房间。哇！房间好明亮，窗户也好大，这所房子很坚固、很安全！我们一起看看窗户外的风景……小梅，你愿意邀请其他人进来做客吗？愿意的话握一下我的手指（如果握手指，说明她愿意）。很好！我们和客人一起欣赏窗外的美景。现在，我们大家很安全，我们尽情和大家一起分享温馨的时刻……好！我们一起离开这所漂亮的房子回家，现在听老师倒数说3个数字，说到3的时候，你会感觉到心情很舒畅；说到2的时候，你会感觉到此刻很安全；说到1的时候，你会感到很放松。好！3，2，1，请睁开眼睛。

面对生活中的重大事件、重大挫折，亲历者会出现应激反应，经过心理专家的心理干预技术，不断重建孩子的心理安全岛，她会慢慢获得安全感，今后在学习中的注意力会逐渐改善。然后，再针对不同的问题给予她积极的引导和鼓励，使各种问题得以缓解和消除。

第五章　生涯规划篇

在抗击新冠肺炎疫情的战“疫”中，我们见证了“逆行者”的风采，见证了举国上下的团结协作。我们怀揣着对生命的敬重、对祖国的骄傲、对生活的感恩，重新步入常态的生活。经过此次疫情，我们对人生多了一分珍惜、一分思考。今后我们该如何规划自己有限的人生呢？

第一节　突发事件情境下的梦想与希望

一个人为自己设定目标，带出希望，然后他所有的行为将会凝聚在这个希望周围，让生命活出意义来。假若一个人看不到未来，那便不能很好地把握现在。

一、希望是照进生命的阳光

希望、梦想，是生命之光，会引领我们的成长。生活中，我们总会面临各种变化，比如突发事件的发生带来的变化。这些变化会打破我们的常态，有时候也会遮挡我们的生命之光。

【案例 36】纠结的小明

这个假期，小明是在忐忑、紧张和纠结中度过的。除夕之夜，家里接到远在湖北的大伯一家的电话，大伯母不幸被确诊感染新冠肺炎。因为当地医疗资源过于紧张，她只能暂时居家隔离。从那时起，一家人的心被疫情揪得更紧了。爸爸一天打好几个电话询问情况，担心、挂念之情溢于言表。正月初二时，令人更加担心的事情发生了，大伯和小妹也相继被确诊。小明心中默默祈祷与自己最亲密的哥哥这次能够逃脱。哥哥一直是小明学习的榜样。他就读于武汉某大学，学业优秀，几天前还在网上和小明嬉笑谈天。到正月初四早上，不好的消息还是传来了，哥哥也被确诊。灾难几乎就这样瞬间而至，大伯幸福的一家四口人都被病毒感染。看着每天不断攀升的确诊病例、疑似病例和死亡病例，小明的心沉到谷底。一直以来，哥哥就像小明前行的灯塔，他总会和小明一起解决很多困惑。不知不觉，他已经成为小明学习和生活的动力。这段时间小明总会胡思乱想，既然明天和灾难不知道哪一个会更早来到，何必要去规划自己的人生？就像大伯一家人，感觉生命随时都受到威胁，有没有规划又有什么关系？这样想着，小明觉得人生几乎没什么希望了，更没心思学习……

【心理专家支招】

1. 倾诉和发现

和爸爸妈妈，或者是身边的朋友、老师说说自己的担心和纠结。倾诉和表达可以缓解自己此刻的情绪、状态，并且在这个过程中，也许能够发现和找到新的支持和能量。

2. 采访和发现

问问身边长辈关于“非典”、汶川地震的一些事情，了解一下当时他们对发生这些事情的感受，看看他们在这其中都做了什么，回顾一下哪些做法在今天看来是有意义的，哪些是没必要的。疫情或灾情结束后，他们的生活回归正常，那时候他们觉得在当时还可以做些什么?

3. 比较和思考

比较一下你原来正常上学时每天早上起床之后的生活节奏与现在休息在家时有什么不同。你觉得为什么会有这种不同呢?

4. 设想和体会

想象一下，你今天出门是要去书店买书，或者你今天因为心情不好想出去调整一下，但你并没有想好要去哪里，做什么。这两种情境下，你出门之后的状态有什么不同吗? 这就是有没有目标的区别。

5. 造句

请你同时用“目标”“希望”“动力”“行动”四个词写出两句话。然后请你大声读两次，你感受到了吗? 希望就像光，生命像一棵树，所有的生命都有一个特点：趋光性，即会不由自主地向着有光的方向生长。

第二节　突发事件情境下的自我与未来

关于未来，我们从小时候就有各种梦想，那时候每一个梦想里应该都会有自己吧。成长中却发现梦想里的自己有时候越来越不清楚了。你是不是想起了那个深邃的哲学探究：我是谁?

一、世界因多姿多彩而美丽

性格是个奇妙的东西。随着不断成长，我们开始琢磨它了。它的形成比较复杂，其中很大一部分受到我们后天成长环境的影响。“世界上没有两片完全相同的树叶。”每个人都有自己的性格特点，当然这些性格特点又会与我们的未来相连接。世界因此才多姿多彩。

【案例 37】出入证引发的风波

一进门，妈妈的数落就开始了，小军倒是已经做好了充分的心理准备。本来今天家里派小军下楼买菜，说好最晚五点半就回来了，可妈妈一直等到六点半也不见他的身影。原来，受到疫情的影响，小区实行封闭管理。小军凭出入证下楼去超市采买家里这一周的食品。回来时，他不小心把出入证丢失了，离家时又没带手机，就这样被滞留在大门外一个多钟头。其间，小军想过借个手机给家里打电话，但考虑疫情期间这可能会给别人带来不便，所以就作罢了。他也和门卫大爷解释了一次。无奈的是，大爷很固执，根本不听他讲道理，让他在一边待着等家长。他估计妈妈等不到自己回家，就会下来和门卫大爷交涉的。妈妈的数落终于结束了……一家人开始吃晚饭了。爸爸慢悠悠地说："你这样的性格太面了点，以后走上社会怕是会吃亏的。"妈妈余怒未消地说："这么内向还不是像你，以后能干成啥事？"加上刚才妈妈数落自己时说的一些事情，小军也在想：自己这内向的性格是不是太不好了？将来会不会真像妈妈说的啥事也干不成？想着想着，他也没心思继续吃饭了，一个人返回书房坐在那里琢磨起来……

【心理专家支招】

1. 在故事中思考

琢磨自己的性格，正是一个人在成长中经常会面临的思考。所以首先要恭喜你的成长。然后让我们一起读读下面这个小故事。你会发现，原来你和上帝思考着一样的问题。

上帝向所有生命提了一个问题：你是谁？看看大家是怎么回答的。

猩猩	袋鼠	小鱼儿	小鸟	人
我是知识渊博的学者	我是闻名全球的拳王	我是天地间的精灵	我是风	这个问题我还真没想过

2. 学习解读自己行为的正向意义

现在你是不是比刚才轻松一点点了，因为你思考的问题很多人都在找答案。想一想你当时没有找别人借电话，也没有和门卫大爷据理力争的原因是什么。请你往积极的方向想想，至少用两个词来概括这样做对他人和自己的好处。你有没有发现，你的内向至少不全是坏处呢。

3. 探索性格的好坏

现在，请你试着在每个空格处至少填两个词来概括其优势和劣势，填完之后看看你有什么发现。

内向		外向	
优势	劣势	优势	劣势

4. 在涂色游戏中体会性格特点及其形成

如果用红色表示活泼、热情和喜欢表达，黄色表示明亮平静和目标感强，绿色表示温和、包容和淡定，蓝色表示冷静、理智和有条理，你觉得哪种颜色在你身上更多一点儿呢？用红、黄、蓝、绿四种颜色给你和你的家人分别涂上颜色（每人可以涂 2 ~ 3 种颜色），你一定会有令人惊讶的发现。因为我们的性格总是会受成长环境的影响。

5. 觉察并在觉察中完善

你能说蓝色的天空一定比绿色的草地更美吗？当然不能。大家都知道，世界的美就在于五颜六色。“各美其美，美人之美，美美与共，天下大同。”这是著名社会学家费孝通先生的名言。你觉得这句话放在这里是什么意思呢？

二、每一个生命都有自己独特的资源

每一个生命在诞生的瞬间都充满了力量，每一个生命在成长的过程中都变得独特。世界因生命的独特而丰富多彩，生命因独特地绽放而美丽无比。生活从来都不缺少美，而是缺少发现。

【案例 38】其实我也想……

学校开展了“抗疫情，颂英雄”的征文活动。昨天，小红看到很多同学在网络平台提交了自己的作品，她突然感到莫名失落。联想到两天前妈妈因为她的学习数落她，再看看这些英雄人物的先进事迹，小红觉得自己的前途一片黑暗。一直以来，自己的学习成绩都不够理想，虽然自己也很努力，但总是徘徊在中游水平。她也想成为医生，守护生命、为国分忧；也想在实验室里挑战科技难题，发明创造、为国争光。可是看看自己的成绩，顿时觉得学习不好简直是一无是处，怎么还有脸去想着为社会创造价值，自己未来的生活都有可能成问题。这样想着，小红就更提不起学习的劲头来，这两天在网络课堂上的学习都懒得认真对待了，妈妈对她的表现也更加失望了……

【心理专家支招】

1. 每个人的内心都会有一些“英雄情结”

比如希望自己有力量，希望自己能帮助别人、造福社会等等，即使我们目前的力量还不是很强大，但我们依然有权利去希望。你说对吗？

2. 每个人的身上都有自己独特的资源

你也有，只是可能你尚未发现。现在，想想从小到大，你有哪些比较喜欢做的事情，或者在面对什么人、什么事的时候，你的热情会比较高一点；想想你学习的各门功课，它们发展得均衡吗？有没有哪门课程是你感觉相对轻松和喜欢的？

3. 发现自己的优势

请让你身边了解你的亲朋好友（至少五人）分别写出他们各自认为你具有的三个优点。在打开答案之前，请你自己在纸上写出你认为自己有的优点，然后把这些优点放在一起比对，你发现了什么？你还觉得自己一无是处吗？

4. 体会平凡中的伟大

请你用心观察一下你身边那些普通的人，比如你的父母、老师或者小区里面的门卫大爷、超市的售货员、快递员等。你觉得他们的工作有意义吗？在疫情防控这个特殊时期，你觉得他们有为这个社会做过贡献吗？你觉得社会发展需要这些看起来很平凡的普通人吗？他们会不会都是社会的负担呢？

5. 每个生命都有自己独特的资源

请你观察一下你们班上目前学习成绩最落后的两名同学。你觉得他们有什么优点没有？还可以问问和他们要好的同学，你觉得未来这两个暂时落后的同学一定会是班上发展最落后的人吗？假如请你给他们的未来职业发展提一点建议，你觉得他们现在可以做点什么？你现在又愿意为自己做点什么呢？请带着敬畏之心看待每一个生命，每一个生命都有自己独特的资源。

第三节　突发事件情境下的职业与选择

职业是指人们为了谋生和发展而从事的相对稳定的、有收入的、专门类别的社会劳动。职业世界多姿多彩，随着社会的不断发展，也呈现出不同的变化。在职业的万花筒里，你有没有被什么职业吸引？也许你会面对很多选择，有时候可能会很纠结，因为每一个选择总是在拥有的时候又想要放弃。有时候会很迷茫，突然觉得自己没有选择，那是因为你还没有看清楚。

一、万花筒下看职业

童年时，我们最熟悉的职业也许是爸爸妈妈的职业。成长的过程中，我们更多地理解了父母的工作、收入以及与我们生活的关系。在父母的职业历程里，我们会不由地想起自己的未来。也许，透过这些你可以更多地看到万花筒下的职业世界。

【案例 39】失业的妈妈

这场突如其来的疫情让妈妈失业了。彤彤的妈妈本来在一家中等规模的餐厅工作，年前还忙得不可开交，一家人还在商量趁妈妈休息的几天时间，一起去趟外地大姨家。但随着疫情的发展、假期的延长，很多餐厅都面临着倒闭。妈妈单位的经理三天前打来电话说，餐厅为了降低经营成本，不得不裁员，请妈妈做好重新去找工作的准备。从那时起，家里的“气压”就低了下来。妈妈做这份工作已经七年了，收入一直都比较稳定，而爸爸的工作一直不是很稳定，年前就已经换过两次工作了。彤彤很担心父母的工作发生变化会使家里的生活受到影响。彤彤很想为爸爸妈妈出谋划策，可是想想老师、医生、律师、会计等等一些自己知道的职业，好像都和他们离得很远。她越想就越发愁，觉得找份工作怎么就那么难呢？看着妈妈每天愁眉苦脸的样子，彤彤又心疼又担心……

【心理专家支招】

1. 写一写、换一换

和你身边的伙伴（可以是家人、同学或者朋友）一起用 10 分钟时间分别在一张纸上写出自己知道的职业，然后交换一下，看有没有新的发现，交流一下你们现在的收获。

2. 查一查、比一比

在网上查阅一下《中华人民共和国职业分类大典》，看看我国的职业有哪些大类，有哪些小的种类，然后对比一下自己写出的职业种类，看看你有什么发现。

3. 问一问、想一想

和父母或者爷爷奶奶交流一下，在他们生活的年代里，有没有一些职业过去有过，现在已经很少见了。或者回顾自己之前看过的电影、电视或小说，里面有没有一些现在已经基本没有了的职业。你会发现，随着社会的发展，职业也在不断变化。

4. 找一找、看一看

在网上搜一下目前出现了哪些新的职业。通过了解之后，你发现了什么？随着人工智能时代的到来，你设想一下未来职业发展前景会有什么变化。在职业万花筒下，可以看到，我国有一千多种职业。随着社会发展，职业会发生变化，一些旧的职业正在逐渐消失，但一些新的职业也会被不断催生出来。现在你有没有觉得眼前的选择更多了一些呢？

二、职业世界的跷跷板

生活中我们听说过不少的职业，见识过一些各行各业的职业精英所做出的杰出贡献，被他们感动过、激励过，也为他们骄傲过、加油过。但是你有没有注意过那些看起来很平常、很平淡、很平凡的一些职业和那些从事这些职业的从业者呢？

【案例 40】到底谁的贡献大？

今天在网络平台里上课，老师让大家讨论一下在这次疫情中有什么发现和收获。小明说："我觉得医生真的很伟大，他们用自己的生命守护生命，我很钦佩他们。"小丽说："我看到报道说在武汉，有很多的病人都是靠公交车司机在运送。这些公交车司机在平凡的岗位上也做出了伟大的事情。"小刚说："虽然他们都有贡献，但是我还是觉得医院的岗位更加重要，不然人们为什么都会对医生有那么多的赞美。"丹丹说："职业没有高低贵贱之分。"很多同学纷纷表达了各自的看法。于是大家开始争论起哪种职业对社会贡献最大。职业有高低贵贱之分吗？到底一个人做什么样的职业对社会的贡献最大呢？

【心理专家支招】

1. 查阅、理解、体会

先搜索一下什么是职业，你会发现职业由两个层面构成：

对社会的贡献 + 收入。现在你想想，不同从业者都在为社会做贡献。从性质上看，这些职业会有高低贵贱之分吗？比如说你要坐公交车出行，没有司机为你服务能行吗？也许你说你可以走着去，可是假如你要去很远的地方呢？同样，你身体不舒服要去医院，没有医生也是不行的。现在你是不是觉得各行各业的从业者都是社会的组成部分，会在不同的情境下满足我们不同的需要呢？

2. 调查、发现、澄清

调查一下你身边熟悉的人的月工资收入是多少。你会发现，不同职业或相同职业在不同时间和工作环境下的收入水平常常会不同。从这个角度看，职业收入是有高低之分的。你发现了什么？

3. 观察、思考、判断

观察一下你的父母在生活中是不是各有自己所擅长的东西。再观察一下你的同学朋友是不是也各有不同。因为每个人力量、专长、性格、喜好都不一样，所以他们即使都是倾尽所有去努力，对这个社会的贡献也不一定就一样大。

4. 不能一概而论

你注意到了吗？最近疫情期间，大家都在说："特殊时期，我们都待在家里不要出去，这就是对国家最大的贡献。"虽然这话看似有点开玩笑的味道，但你从这个玩笑中发现什么了吗？一个人做什么对这个社会贡献最大？一切都要以我们自己的主观条件和面临的客观形势来决定。

三、你不可能得到所有的“糖果”

小时候习惯于以是非对错看待世界，长大后发现原来世界并不是非黑即白的。于是在成长的过程中，我们渐渐有了更多的思考。原来任何一个事物总会有两面，虽然我们有时候难免想得到所有的“糖果”。

【案例 41】什么才是好的工作?

昨晚，小刚的家里又爆发了一场“战争”。随着新冠肺炎疫情的发展，各种消息纷至沓来。于是家里对哥哥的职业前景展开了激烈的讨论。哥哥是医学院研二的学生，马上就面临走向职场的问题。小刚爸爸是一名外科大夫，曾经在2008年汶川地震中成为一名光荣的援川志愿者。那时候，小刚还年幼。他只记得爸爸临走时有力的拥抱和胸前的大红花，那时候他只知道为爸爸骄傲，却没能理解爸爸的拥抱和妈妈为什么在爸爸离开后会悄悄流泪。也许从那时起，哥哥就立志要成为一名医生了。现在，小刚看着前方不断传来医务工作者被感染的消息，又想到妈妈昨晚坚决反对哥哥继续从事临床医学的话语——认为那样太危险了，希望他可以做医学研究。而哥哥却觉得自己一直以来的梦想就是在病人面前穿着白大褂，为他们问诊治病，享受他们的尊重，实现自己的价值。一个医生，远离了病人有什么价值？小刚看得出来，爸爸支持哥哥的选择，但是也很理解妈妈的担忧。妈妈说哥哥不考虑她的感受太自私了，哥哥说妈妈只想着自己家的一亩三分地才是自私。到底是妈妈自私，还是哥哥无礼呢？小刚自己也搞不清楚。在面临职业选择时，到底应该怎么办？什么才是好的工作？

【心理专家支招】

1. 每个人对事物都有自己的判断标准

请你邀请你的家人和朋友（大约十个人），让他们每人用三句话概括他们认为的好工作是什么，然后你把这些话都放在一起看看。你有什么发现吗？你觉得他们中一定有谁说的对，谁说的不对吗？对待同一个事物，我们每个人都有自己的看法和评判标准，有很多时候很难用简单的是非对错去判断。

2. 学习拥有同理心

想想从小到大，你养过的宠物，突然有一天不小心走丢了；或者你有没有自己特别在意和喜欢的东西，不小心被别人搞坏了。你想想在这种情况下，你的心情是什么样的？现在你能多一点理解妈妈对哥哥的担心和挂念了吗？对于妈妈来说，孩子可是更加珍贵呢。

你曾经有过什么理想，并且一直在为此努力吗？你发现再过一段时间，你的理想就快要实现了，可现在突然有人对你说，你不可以追求它了，因为有可能太危险了。现在你是不是也能多一点体会哥哥的心情了？

3. 你不可能得到所有的“糖果”

你有想过你未来从事什么样的工作吗？你可以和自己的好朋友一起来探索一下。在纸上写出你想选择这份工作的三个原因。然后在下面分成两列，分别列举一下这份工作可能带给你的快乐、危险或者不满意。你发现了吗？不管你选择什么样的工作，都不会得到所有的“糖果”。也就是说，任何一份职业都可能成为好的职业。

4. 更多地了解自己，才能够更好地选择

和好朋友交换一下你们的探索结果。你有没有发现，我们每个人自身蕴藏的资源不同，我们的兴趣、性格不同，甚至我们对职业的看法和评价也不一样，所以我们有不一样的选择。到底什么样的选择才是适合自己的呢？在此之前，我们是不是可以多了解一下自己的优势、兴趣、性格和我们对外界很多事物的评价标准呢？

四、价值取向定乾坤

人人心中都有一杆秤。有人希望拥有智慧，有人渴望权力，有人喜欢奉献，有人想留住健康。在你的生命中，你觉得什么对你比较重要呢？

如果我们想对世间百态了然于胸，想对生命方向做好选择，就要想办法看清楚那只隐藏于心，但看不见的“手”——价值观。

【案例 42】我被大火吞噬了……

2019 年 3 月 30 日晚，四川省凉山州木里县雅砻江镇立尔村发生森林火灾。9 岁的小强和他 8 岁的弟弟虎子就是这个村的人。他们目睹了消防员叔叔的整个救火过程。小强说：“我长大后也要当消防员，看他们多勇敢顽强！”弟弟说：“我才不喜欢当消防员呢！我喜欢待在一个安静整洁的房间里工作。”哥哥说：“胆小鬼！不像个男子汉……”他们就这样争论不休……可第二天却传来噩耗：扑火人员在转场途中，受瞬间风力风向突变影响，突遇山火爆燃，30 个鲜活的生命被大火吞噬了，其中还有一个刚满 18 岁的哥哥。就在那天晚上，小强做了个神奇的梦：梦见自己当上了光荣的消防员，穿着橘红色的衣服，站在熊熊大火中被烧死了。他被惊醒了，陷入惊恐和矛盾之中……

【心理专家支招】

1. 稳定情绪，为梦坚守

小强的心理反应和矛盾冲突是可以理解的，这与他的年龄和目睹了整个事件有关系。面对这种情况，首先要让自己的情绪稳定下来。可以通过和家人或者好朋友倾诉自己的惶恐来缓解不安，同时也要理解自己在这样特殊情况下，把眼前的灾难与自己未来的职业选择相连接，扩大了事情的本来面貌，被自己的想象惊吓到了。另外还可以去参加哀悼已逝英灵的活动，利用这次灾难事件走近消防员叔叔，了解他们的学习、工作和生活状态。可以向消防员叔叔咨询一下这些问题：他们有过这样的担心和恐慌吗？他们是如何克服这种心理障碍的？

2. 多一分了解，多一分把控

任何工作都有其自身的原则、方法、规律、特点和基本对策。只要在灾难面前，我们协同配合、抓住战机、把握现场主动权，就能胜利。我国为了保护消防员的生命安全，已经发明了自动飞行的消防无人机。科学施救已经成为当今世界各国所追求的目标。

3. 全面发展，成就未来

成为一名合格的消防员不是那么简单的。没有健康的身心、坚毅的性格、过人的胆量、高超的技艺，是无法胜任这项繁重的任务的。要回头看看自己是否具备这样的品质，接下来就要为梦想努力学习了！

4. 守护生命，勇往直前

每一位公民都要有一份沉甸甸的社会责任感。消防员叔叔冒着生命危险，守护着人民的财产不受损害。在保证自身安全的前提下，他们与灾难做殊死搏斗，毫不胆怯，绝不退缩。他们是和平时代的英雄，哪里有危险，哪里就有消防员无畏的身影。他们是一群值得被所有人尊敬的人！社会需要这样的人！小强的选择是值得鼓励和欣赏的，也正是他正确的价值观的体现！

5. 祖国的需要就是我们的选择

这是一个中国少年应有的责任和义务！生命非常宝贵，

但是奉献和爱是否在你的心中更为重要？比如像支援疫区的各行各业的人们，他们舍弃了和家人在一起的机会，迈向疫区的脚步是那么毅然决然、毫不犹豫。

【资料链接】价值大拍卖

同学们，在你们的日常生活中，当“选择”遭遇“纠结”时，你们会怎样做？

因为每个人的价值观不同，所以面临同样的问题，每个人所做出的选择也会不同。价值观是我们行动的指南，决定我们面对抉择时如何选择。是“做”还是“不做”，又到底该“怎样做”。那么，到底我们的价值观是什么样的价值观呢？我们的选择又体现了什么样的价值观呢？带着这个问题，我们进入今天的活动：

《价值大拍卖》

1. 解释

人的一生是由无数次的选择所构成的。不同的选择，把人们导向不同的路途和方向，使各自的人生呈现出不同的价值，最终收获不同的果实。今天，我们进行一场价值拍卖会，看看在爱情、友情、健康、美貌、亲情、权力、自由、爱心、财富、欢乐、长命百岁、汽车、享受一次美餐、房子、大学毕业证书这些东西面前，同学们是怎样选择的呢？我们的选择不一样，体现了我们对人生的追求和对事业的追求也不一样。希望通过这次价值拍卖会，让同学们更清晰地了解到自己的价值取向，预测自己的职业生涯。

2. 活动规则

（1）拍卖的东西如下表，每一样东西都有它的底价。

1. 爱情	500	6. 权力	500	11.长命百岁	1000
2. 友情	500	7. 自由	500	12.汽车	500
3. 健康	1000	8. 爱心	1000	13.享受一次美餐	500
4. 美貌	500	9. 财富	1000	14.房子	500
5. 亲情	1000	10. 欢乐	1000	15.大学毕业证书	1000

单位：元

（2）每组同学有5000元，每人以500元为单位出价，价高者得，有出价5000元者，立即成交。

（3）有效利用手中的5000元，尽可能买更多的东西。

注意：同学们先讨论自己最想要的东西是什么，然后根据有无共同价值取向，分成5~6个小组，每组8~9人。再拿出纸笔将上面的东西按其重要性排列，并且对它们全部定价，你认为它值多少钱就定多少。例如：亲情2000元、快乐1000元、爱心2000元等。

3. 活动过程

（1）首先拍卖爱情，底价500元。学生叫价，价高者得。

（2）然后，依次拍卖其他东西。

（3）做好记录。如：*** 拍得友情，3000元，成交。

4. 讨论：脑力激荡

（1）你们拍到自己想要的东西了吗？有没有后悔拍到你买的东西？为什么？拍卖过程中，你的心情如何？

通过此次活动，我们也可以学到，要学会抓住机会，不要轻易放弃。也可以引申到现在的学习中去，为了我们的理想、我们的目标，努力学习。不要浪费光阴，学会把握机会，向我们的目标奋进。

（2）这么多项价值中，哪些价值是相对重要的，哪些价值是相对不重要的？为什么？

（3）再次回味，写下拍卖会的经过与你的感受，记下你所经历的激动人心的时刻。

五、医生世家的坚守

在新冠肺炎疫情暴发之际，医务工作者都在用实际行动诠释着“悬壶济世、医者仁心”的深刻内涵，用实际行动感动着全国人民。那么，家长是否可以利用这个机会来引导教育孩子呢？

【案例 43】我要像爸爸那样吗？

12 岁的男孩小辉出生在医生世家。他听爸爸说，爷爷在 17 年前参加过抗击“非典”的战役，挽救了许多生命，战果显著。身为医生的爸爸，面对突如其来的新冠肺炎疫情，他和同事们主动请缨驰援武汉。临别时，小辉见到年迈的爷爷拥抱着爸爸说：“儿子，做好防护、尽心尽力，为挽救处在危险中的武汉人民，你要努力啊！爸爸等你胜利归来！”爷爷虽然眼含热泪，但目光温暖而坚定！回来的路上，小辉和妈妈说：“医生这个职业那么危险，那么不容易，为什么爷爷和爸爸还要冒着生命危险参加抗‘疫’呢？我好害怕，我将来要不要也去从事这个职业呢？”小辉的妈妈不知所措。在这个关键的时刻，她该怎么正确引导孩子呢？

【心理专家支招】

1. 鼓励表达

孩子看到、听到了疫情阻击战中有因感染病毒而离开我们的医务工作者，内心有一些害怕、担心是正常的心理反应。作为妈妈，要理解孩子的心理活动，告诉他：“妈妈理解你的害怕，可以把你的担心给妈妈具体讲一讲。”对于孩子来说，讲的过程，就是梳理、排解、识别的过程。家长要给予孩子完全的接纳、理解和包容。

2. 澄清价值

妈妈还要告诉孩子，很多职业都存在一定的危险性，比如：出租车司机、电工、科研人员等等。他们的首要任务是做好防护措施，确保安全第一，如：系好安全带、戴好绝缘手套、穿好防护衣……听到这里，你是不是放松了许多呢？但是每项工作中都会有一些意外的发生，比如：疫情中有一些医务工作者被感染离开我们，但这毕竟是少数，也许是因过度疲劳造成身体抵抗力差而被病毒感染……所以我们不能因为偶发事件而放弃自己的信念和追求。

3. 家族精神

小辉的爷爷在从医生涯中，为无数病人祛除病痛，医治好了许多人。他的心愿就是将自己家族中“救死扶伤、治病救人”的优良传统传承下去。爸爸现在已经把家族的这个家道铭记于心。他常和妈妈说：“作为一名医生，为病人看病是职责所在。把救死扶伤当作人生信条，越是艰辛，越要有奉献精神；越是困难，越能体现仁心济世。”小辉妈妈可以对小辉说：“这就是我们家的家风、家道，你要把我们家的初心和坚守很好地传承下去，这也是爸爸妈妈的希望，但我们也会尊重你的选择。”

4. 付出行动

妈妈可以告诉孩子：“医学是一门复杂的综合学科，学医的道路是非常艰辛的，是需要付出很大努力的。如果选择了医生这个职业，除了要学好所有的课程，还要有强壮的体魄和奉献精神。妈妈希望你从现在开始，在成长的路上一步一个脚印，爷爷、爸爸、妈妈都是你坚强的后盾，为实现自己的梦想而努力吧！”

六、在疫情中寻找自己的身影

疫情就是命令，疫情就是战场。在新冠肺炎战“疫”中，来自四面八方的数以万计的人用自己的血肉之躯，共同构建了战胜疫情的铜墙铁壁。正处在对自己未来想干什么、适合干什么而迷茫中的你，不妨借此机会看看现实版的“职业生涯规划探索”，看看社会最需要的到底是什么职业，各行各业的人们在社会大分工中具体干什么，这对同学们理解社会需求、感受国家运转，形成正确的职业价值观无疑是个好时机。深入体会一下什么职业才是社会最需要的，什么人才是社会最需要、最值得尊敬的。为自己确定一个更加明晰的目标，并立志为之努力拼搏，实现自己的理想和愿望！

【案例 44】抉择背后

在新冠肺炎疫情中，大家做得最多的一件事就是宅在家里。小菊和大家一样，不同的是，她在“宅家”的过程中，通过跟家人的议论、媒体和网络等途径了解到，还有许多人依然坚守岗位。其中，有医务工作者、公安干警、快递小哥、加班加点赶制口罩的一线工人、夜以继日在工地赶工建医院的建筑人员和义务运送医务工作者的出租车司机等。她也听到一些负面信息，比如：为了抢先发布信息却不辨内容真假的主编、挪用捐款的慈善机构、怕受到打击报复不敢报道的记者……假如你是其中的一员，你会有什么样的职业行为呢？你会怎么做呢？

【心理专家支招】

1. 和哥哥一起做角色扮演的游戏

每个人都演一遍上述角色，另一个人当观众，体会其中的纠结和冲突，并在这个过程中使职业价值不断得到澄清。

2. 有效地化解内心的冲突

正视但不过分强化心理冲突。重新审视自己的内心，比如：我是冒着风险去伸张正义，还是为了保障自身安全不去参与？然后聚焦问题进行解决，比如知道自己想要什么，就要为达成心愿去寻找正确的途径。

3. 在搜集信息中发现追随者

在抗击疫情的过程中，各职业从业者是如何做的？比如：《人民日报》微博是如何评价钟南山的？接受更多积极的暗示，增强自己的能量。在这个过程中，还可以发现并选择自己的追随目标。

4. 信仰引领选择

我们的所作所为要对得起我们的选择，对得起自己的良心，坚守自己的信仰，像一线的医务工作者一样，面对病痛中的病人，全身心投入工作，义无反顾。

第四节　突发事件情境下的目标与执行

行动就是先做起来。良好的开始等于成功的一半。没有完美的目标，就没有完美的执行过程。坚持始于开始，并在每一天的开始中变得更有意义。

一、我们制订目标是为了引领行动

当我们热情又用心地制订了计划或者目标，却被突如其来的状况打乱时，我们的心情仿佛一下子从豪情满怀变成了茫然无知。这时候，我们容易忘记了我们制订目标是为了去到哪里，所以，只有不忘初心，才能方得始终！

【案例 45】假期计划泡汤

这个寒假让小敏觉得很无聊，原本假期安排好的活动因为突发事件取消了，每天上课还不能和老师见面，自己的生活受到很多限制。放假前，她好不容易联系到几个单位要去做社会实践，对自己之前的人生目标做更多的探索，结果现在什么也做不成。这两天，小敏的情绪很低落，总会对着之前做好的计划发呆，有时候还会唉声叹气，经常是干什么也没多少兴致，真不知道在这段特殊时期能做点什么。她只能盼望这段时间早点过去……

【心理专家支招】

1. 停下“想”，专心去“做”

无聊是因为你想做一件什么事，或者你正在做一件什么事，可是同时你又不想做这件事，然后你也懒得找其他的事情去做，这时候你就容易觉得无聊了。其实破解无聊的最好办法就是停下“想”，先专心去“做”。在你想做又觉得无聊的时候，不妨先去投入地做，试试看，也许就不无聊了呢。

如果做了之后依然觉得不够充实，那就换一件事情去做。

2. 把焦点放在自己能做的事情上

自己之前的计划因为突发情况被打乱了，那么这段时间里，你觉得自己还能为你之前做的人生目标的探索做点什么呢？比如说，你每天去上学肯定不只有一种方式可以去到学校吧？你可能不能直接去哪里和谁见面访谈了，那还有其他方法没有？放下那些你现在暂时没有条件做的事情，然后把你的焦点放在自己现在能做的事情上，并且身心投入地做好它。毕竟目标的意义是为了引领我们的行为。

第六章　生命教育篇

当我们面对地震、山洪、泥石流、踩踏、瘟疫等突发事件时，我们最深的感受是什么？就拿目前的新冠肺炎疫情来说，我们感受最深的恐怕就是从各大媒体上看到成千上万的人被确诊、隔离，死亡人数不断攀升吧！这件事带给我们恐慌和冲击，让我们看到智慧无比的人类在灾难面前显得那样的脆弱，这不由得使我们重新审视自己的生命。作为青少年，应该从小就树立珍爱生命的观念。我们如何让自己的生命过得有意义、有价值，如何提高我们的生命质量，如何面对逝去的生命？本章就让我们一起来探讨突发事件中的生命教育。

第一节　突发事件下理解生命和人生价值

当我们迎着晨光，行走在人生的大道上，谁也不会去想，意外和明天哪个先来。于是，我们肆意挥霍着自己的青春，做一些无谓的事，沉迷于网络游戏，自认为这就是青春的意义。当某一天突发事件发生，我们遇到危险，不得不直面自己的人生时，我们看到的是怎样的价值和意义呢？就让我们通过下面的案例来感悟吧！

一、“付出”彰显生命意义，感恩“生命中的贵人”

我们的成长需要父母的精心抚养，长大要靠周围社会系统的支持。一路走来，有多少人为我们付出了时间、精力和爱。而在不知不觉中，我们也为别人付出了很多。就如疫情中逆行的医生、志愿者、警察、科研工作者和政府官员，正是由于他们的付出，才使疫情能够快速、有效地得以扼制。他们用自己的生命为我们筑起了一道安全的“防火墙”。而我们安安静静地待在家里，不出去，也是在给社会做贡献。我们彼此都在为对方付出着。有付出就有感恩，感恩让付出变得更有意义。为什么这么说呢？我们来看看小泽的故事吧。

【案例 46】感恩让付出更有意义

浙江省绍兴市中心医院隔离病房，今天，2 岁的患者小泽治愈出院了。护士长按照惯例送病人出门，刚打算挥手告别，小泽向护士长深深鞠躬，致以敬意，护士长则立刻鞠躬还礼。

小泽用深深的鞠躬表达对护士阿姨几天来辛苦付出的感恩，护士阿姨深深的回礼鞠躬让人感动到泪崩。这已成为网上最美的风景。在全民抗疫期间，这种医患之间的彼此尊重和爱的延续传承，彰显着人性中善的一面，更让感恩在人与人之间流动，让人们之间的付出变得更有意义。

现实生活中，人的价值和生命的意义体现在人际互动中，体现在我们彼此的付出中。付出彰显了生命的意义，感恩让付出变得更有意义。每个人的生命中，都有曾经帮助过自己的“生命中的贵人”。案例中，护士阿姨是小泽“生命中的贵人”。在抗疫期间，我们的党和政府，统筹全局，给我们维护了稳定的后方；一线医务工作者和志愿者负重前行，用生命阻挡病毒的汹涌入侵；每一位爱国人士慷慨解囊，为国捐资，在彰显爱国情怀的同时，为我们树立了榜样。他们都是我们“生命中的贵人”。所以，在抗疫过程中，我们要好好整理一下自己的人生，找出成长过程中给予我们帮助和鞭策的“生命中的贵人”，让我们深深表达对他们付出的感恩之情。小泽可以当面对护士阿姨表达自己的感恩之情。而居家隔离的我们，该如何表达自己对“生命中的贵人”的感恩呢？

【心理专家支招】

现在，就请大家按照下面的步骤来感恩“生命中的贵人”。

1. 选择安静的、不被打扰的空间和时间。在自己的面前摆一张纸和一支笔。

2. 调整一个让自己舒服的姿势。在音乐声中，闭上眼睛冥想放松。

3. 回想成长过程中对自己有过帮助和影响，至今让你感动的人。

4. 想象你要对他说些什么，然后慢慢睁开眼睛，写在纸上。

5. 想象他就坐在你面前，然后带着感恩的心念给他听。

6. 拍张照片，把这封信发给对方，或者发送语音祝福。

感恩，让我们更加珍惜“生命中的贵人”给予我们的付出，同时升华了付出的意义，使我们更加乐于付出。感恩可以是多种形式的，比如，感恩拜访。带着虔诚的心去拜访“生命中的贵人”，当面表达我们对他们的感激；又如，写感恩日记，让我们专注于当下的美好和积极快乐的时刻；再比如，专注于我们所拥有的一切，理解生命是短暂的，从而更加珍惜我们的生命。常怀感恩之心，让我们体会到生活的美好；常怀感恩之心，让我们成为一个品格高尚的人；常怀感恩之心，让我们的人生更添魅力。

二、体悟人生价值，绘制生命旅途

弹指一挥间，时间在沙漏细密的垂落中悄悄流逝。人生短暂，每个人都希望自己的人生灿烂辉煌。可是，也有很多青少年不知道人活着的价值。大好的时光，沉溺于网络游戏中，浪费光阴、蹉跎岁月，一事无成。有的青少年无视生命的重要性，偏执自负，因为一些小事赌气而自毁生命，留给父母撕心裂肺的痛苦。我们每个人的生命都只有一次，要倍加珍惜。怎样才能让自己的人生更有价值呢？青少年又该如何做呢？

【案例 47】玲玲的现状

玲玲是一名四年级的学生。平时在学校，有老师和班长的监督，她每天尚且能按时完成老师布置的作业。疫情期间，待在家里，她没有一点时间观念，每天不是追剧，就是看网络小说。作业也不主动完成，妈妈逼她逼急了，便拿过来胡乱写写，用不了十分钟，就说写完了，又继续追剧。妈妈对此很着急，说再这样下去，玲玲就毁了。

我们说，每个年龄段有每个年龄段的任务。我们要努力完成每个阶段的任务，让自己的人生更加充实、积极、有价值。青少年的主要任务就是学习。学习各门学科的基础知识，牢固掌握各科内容，为将来的学习打下扎实的基础，让自己的每一天都过得有价值。案例中的玲玲，她不知道学习有什么用，没有理想和目标，不明白人生的价值和意义。事实证明，当一个孩子明确了自己的人生目标和价值，他就有了自觉主动学习的动力了。正如周恩来总理 12 岁立志“为中华之崛起而读书”，王阳明 12 岁明确“读书为做圣贤”一样，他们从小就树立了远大的目标，并为之努力奋斗。我们怎样才能让自己的人生有价值呢？居家隔离的同学们，让我们一起来绘制生命线，从中体悟我们的人生价值吧！

【心理专家支招】

请大家带上彩色笔和白色纸，选择一个安静的地方，坐下来，跟着心理专家的指导绘制自己的生命线。看着自己的生命线图，从中找到自己的目标和方向，看到自己的人生价值，并加以修正。步骤如下：

1. 在一张白纸上选取两点，一点代表 0 岁，另一点是自己估计的死亡年龄，将这两点用细实线连起来，这条线代表你理想的生命状态。在细实线上取一点，代表你现在的年龄（细实线的上方区域代表有纪念意义或者开心的事件，细实线的下方区域代表给自己留下不愉快记忆的事件）。

2. 回顾自己在以往的岁月中，经历的重要事件和遇到的重要人物，在相应的年龄点和细实线的附近，形成不同的点。把这些点用粗实线连起来，就形成了我们过往的生命线。在这些点的旁边标注出我们认为重要的事件或人物，然后在音乐声中轻轻闭上眼睛冥想，再把出现在我们眼前的场景和人物一一记录下来。

3. 在现在的年龄之后的线段上，取一些点，代表自己以后想要完成的重要事件，并把相关的人物记录下来。然后把这些点用线段连接起来，这就是我们未来的生命线。

4. 看着这条由时间、人物和事件组成的生命线，我们有怎样的感想呢？我们又是怎样做的呢？我们从中得到了怎样的启发，并获得了怎样的感悟呢？如何让我们的生命过得更有意义，更有价值？我们计划今后怎么去做？

5. 在纸上写出我们的感悟并念给自己听。在未来的计划中，写出具体的行动方案，并按照方案执行，以帮助我们达成目标。

6. 在死亡年龄的旁边，我们给自己写下墓志铭。看着这段墓志铭，我们想到了什么？是遗憾还是自豪？

其实，我们的命运始终掌控在自己手中！要过怎样的人生是由自己决定的。生命线让我们看到了自己的人生是奋斗的、有价值的，还是碌碌无为、失败的。如果要让自己的人生有意义、有价值，那么就需要从现在开始，努力学习，掌握本领。从这次疫情中，我们看到了我国医疗水平的不断提升，“停课不停学”让我们看到了我国发达的网络平台和教学模式的科技化。所以，我们要想成为新时代的佼佼者，就需要刻苦学习、掌握科学本领。像这次逆行的医务工作者和志愿者及科研工作者那样，让生命变得更有意义和价值。

第二节　突发事件下的安全意识和自我保护能力

从 2019 年年底新冠肺炎疫情暴发以来，国家的经济和人民的生命都遭受了很大的损失。这是一次非常严重的公共卫生事件。反思这次疫情的蔓延，与人们缺乏安全意识和自我保护能力差有直接的关系。

一、加强安全意识，做到关爱自己

我们要加强自己的安全意识，还要学会关爱自己，有良好的心态，科学的防范知识，合理安排作息，保持愉悦的心情。但是在现实生活中，尤其是在疫情期间，青少年是怎么做的呢？我们一起来看看小丽的故事吧。

【案例 48】小丽该怎么办?

小丽是一名五年级的学生。她每天都能从电视里、网络上或者家人的口中听到关于新冠肺炎的消息，她感到很害怕。她从小就体弱多病，所以，特别担心自己以及家人会被感染，看到新闻里说又有人因新冠肺炎死亡，她就更害怕了，甚至都不敢睡觉。小丽该怎么办呢?

【心理专家支招】

1. 自我缓解心理压力

深呼吸。面对疫情，发生身心应激反应是正常的。我们可以通过深呼吸来进行调节。深呼吸要采用腹式呼吸法，吸气时，腹部鼓起来；呼气时，要尽量排空气体。然后再吸气、呼气，直到情绪得到缓解。

2. 加强安全防范意识

思想上要十分重视病毒的危险性，做到少出门、勤洗手，出门必须戴口罩、不去人多的地方，尽可能不直接触摸周围的物品。

3. 科学合理生活

尽量不听负面的消息，保持积极乐观的心态。安排好每日的作息和上网学习的时间，按时完成作业。学习之余，可以看看自己喜欢的书或电视节目，也可以跟同学们视频或电话交流学习、讨论居家的感受、对这次疫情的看法以及自己在这段时间的成长等。帮父母做些力所能及的家务，甚至可以跟父母学习厨艺，提高自己的生活能力和品位。

我们的身心是相辅相成的，心情愉悦，身体健康。反过来，心情烦闷，身体就会难受。这种现象在心理学上叫情绪的躯体化反应。学习了这节内容，大家知道该怎么做了吧！

二、做好自我救护，等待救援到来

在突发事件中，有很多幸存者为人所称道。人们总认为他们是命运的宠儿，然而，你知道真正的原因吗？其实，是他们拥有坚定的生存信念和科学的自救本领，使他们赢得了获救机会，创造了灾难中生还的奇迹。

【案例 49】你总会跟我在一起

在一次大地震中，父亲安顿好受伤的妈妈后，冲向 7 岁儿子所在的学校。儿子所在的 3 层楼的教室已变成一片废墟。父亲大喊着儿子的名字，跪在地上大哭。哭了一阵后，他猛地想起自己常对儿子说的话："不论发生什么，我总会跟你在一起！"于是他坚定地走向废墟，用手挖了起来。当他挖到近 38 小时时，从废墟下传出孩子的声音："爸爸，是你吗？"父亲大喊："是我，儿子！""爸爸，真的是你吗？我告诉同学们不要害怕，说只要我爸爸活着就一定会来救我，也能救大家。因为你说过，不论发生什么事，你总会和我在一起！"父子俩就凭着这个信念，活了下来。

很多时候，地震中遇难的人，不是在受伤中没有自救的知识而再次发生意外而死，就是放弃了能够获救的希望，绝望而死。那么面对地震等自然灾害时，我们应该如何应对呢？

【心理专家支招】

1. 做足功课

平时要学习一些急救常识。比如了解重症病人的症状及自救知识。

2. 调整心态

快速冷静下来；消除恐惧和不安；拥有战胜困难的信心和勇气；同时减少不必要的能量损耗。

3. 做好自救

要清楚了解自己面临的困境，保持头脑清醒；要利用身边的一切资源，调整身体的不适；在呼吸困难时，要努力深呼吸，同时要注意不能压迫心脏，也不要让自己睡着，以免忘记自主呼吸；想办法延长存活的时间，等待救援的到来。

总之，当生命处在危险境地时，无论是公共卫生事件引发的，还是自然灾害引起的，或是个体灾难，都要靠自身良好的身体素质和心理素质，以及科学的自救方法来帮助自己。

第三节　突发事件下掌握适合自身的运动方法和技能

人的生命在于运动，运动不但可以强健人体的骨骼、促进肌肉的生长，同时也可以增强心肺功能、改善血液循环，还有利于人的生长发育，改善人的情绪，避免抑郁、焦虑等情况的发生，此外对于增强记忆、改善睡眠也起到很大的作用。由此可见，运动能够改善我们的身体素质，提高我们的生命质量。

一、合理安排作息，进行适当运动

同学们，你们知道人体的快乐和生气是怎么发生的吗？我们的身体内有一种叫多巴胺的神经递质，它的分泌能使人产生快乐的感觉；还有一种叫肾上腺素的神经递质，它的产生给人生气、愤怒的感觉。运动可以改变人体内多巴胺等神经递质的分泌，同时降低肾上腺素等神经递质的产生，使人保持酣畅淋漓、心情愉悦的感觉。同时保持生活规律、合理安排作息，我们就能顺利、安全地避过这场“灾难”。让我们来看看疫情期间在家的小强怎么了。

【案例 50】小强怎么了?

小强今年 11 岁，是一个活泼开朗、爱学习的小男孩。疫情期间，他与妈妈、弟弟住在一起。他每天除了写作业，就是看手机里的动画片或者玩手机游戏，妈妈叫他吃饭，他也只是匆匆吃完，就又一头扎进手机里。他晚上也玩手机玩到很晚才睡觉。早上起来，写完作业，接着又是玩手机。妈妈发现最近小强总是莫名其妙地哭，小强说他跟妈妈说话时，妈妈总在敷衍他，可是妈妈没有觉得自己在敷衍。小强怎么了?

在居家防疫的过程中，刚开始大家没什么不适的反应，但是随着居家时间的延长，再加上没有足够的日照、不规律的作息以及不运动，人体内的神经递质产生了变化，从而影响人的情绪、改变人的行为，让人变得懒散、懈怠，进而影响人对自我价值和目标的实现。在抑郁症患者的治疗中，医生都会给他们开加强运动这样的“处方”。可见运动对人的身心健康有很重要的作用。那么，在这种情况下，小强该怎么做呢？

【心理专家支招】

1. 合理安排作息

早睡早起，中午适当休息 。尤其是现在“停课不停学”，要执行往常在学校上课时的作息，按时上课、勤于思考、认真完成作业。

2. 加强身体锻炼

上午课间休息时间，可以到阳台上开窗呼吸新鲜空气，在阳光能照射到的地方做广播体操、眼保健操；下午可以跟父母做亲子运动；还可以用手机下载健身应用，跟着应用里的视频一起健身。运动到微微出汗为佳。

3. 阅读有益书籍

课余时间阅读一些有益的书籍，比如《名人传》《爱的教育》《红楼梦》《三国演义》等国内外经典文学著作，提高自己的文学素养，陶冶情操。

4. 多做亲子游戏

可以跟妈妈聊天，做亲子游戏，讲故事比赛等，既增进彼此之间的了解，又避免一个人长时间沉迷于手机。

青少年的可塑性很强，而父母是孩子能看到的最好的榜样。居家期间，父母要以身作则，给孩子树立良好的榜样：执行好的作息；进行畅通的沟通交流；陪伴孩子愉快学习；一起锻炼身体。父母给孩子营造好一个安静、平和的家庭环境，可以大大提高孩子的生命质量。

二、学习调整身心技能，经常做渐进式放松

正如上文所说，我们通过做有氧运动可以调整自己体内神经递质的分泌，达到身心健康的目的，提高生命的质量。现在，我们也可以通过直接给潜意识下指令，做“身体扫描”的渐进式放松技术来达到身心放松、身体健康的目的。尤其是青少年，学习任务繁重、压力大，学习渐进式放松可以快速恢复身体的活力。

【案例 51】小雷的苦恼

小雷是一名 13 岁的初中生。疫情期间，他居家防疫。刚开始，他感觉还很好，认为每天都有大把的时间供自己支配。于是他搜索了很多的网课，从早到晚坐在电脑前学习，有时甚至学习到深夜。他每天恨不得不睡觉地学习。可是，最近他感到非常焦虑，头昏昏沉沉的，心里空落落的，肩膀也疼，睡不着觉，还经常感冒。为此他感到很苦恼。

小雷的苦恼来自哪里呢？来自他对学习的过度焦虑。由于学习压力大，他产生了焦虑。焦虑使他的免疫系统紊乱、下降，从而产生了各种不舒服。这影响了他的身体健康，影响了他的生命质量。如何消除这些症状，使他拥有一个健康的身体呢？且看心理专家给小雷支招！

【心理专家支招】

1. 调整心态

要保持良好的学习心态。树立正确的学习态度，确立实际可行的学习目标，不贪多，但求细。所学知识要系统，不看碎片化的知识。

2. 渐进式放松

要合理休息，调整学习时长。在学习一段时间或学习效率不高时，给自己做一个渐进式放松：找一个安静的地方，或躺或坐，自己感觉舒服就好；进行至少 3 个以上的深呼吸，吸气时采用腹式呼吸法，用鼻子深深地吸气，想象每一次呼吸空气都能深深地进入腹部，让腹部鼓起来，默念“1，2，3”，然后再呼出来，呼气时要长而缓，感受清新的空气流经鼻子的感觉；想象自己的心灵就像扫描仪一样，从头到脚轻轻地扫描一遍，只要是扫描仪经过的地方，就慢慢放松了。扫描先从头皮开始，依次是额头、眼睛、脸颊、耳朵、鼻子、嘴巴和下巴，然后是颈部，接着是肩膀、臂膀、小臂、手掌和十个手指；再下来是胸部、腹部、后背和脊柱，最后是臀部、大腿、膝盖、小腿、脚踝、脚掌和脚趾，都通通放松一遍。

当我们有压力时，要学会从头到脚地给自己进行放松，感觉不舒服的地方要多放松一会儿。这个渐进式放松是最好学，也是最有效的方法之一。我们可以成为自己最好的催眠师，随时给自己做放松，随时给自己减压，保证自己身心健康、生命充满活力。

第四节　突发事件下养成文明习惯和健康生活方式

“我宅家，我骄傲。我为国家省口罩，我为自己省钞票。宁愿长点膘，也不外面飘。”这是新冠肺炎疫情进入管控以来，网上流传最广的一句口号。这句话虽然有点儿玩乐的成分，但这是一种自律，也是一种号召，还是一种美德。这不仅关系到自己的安危，也关系到他人的安全。党和国家三令五申要求群众居家，就是怕出现病毒大面积的传染。因为新冠肺炎的传播方式有飞沫传播、接触传播、空气传播等形式。尤其是在暴发期间，新冠病毒的传染性强、潜伏时间长，而且潜伏期也具有传染性。所以，需要我们在国家控制疫情期间宅家避疫。可是有些人盲目自大，存在侥幸心理，认为自己不会被感染，不注意养成文明的行为习惯。等被感染之后，他们又追悔莫及，只得付出惨痛的代价为自己的不良行为买单，同时让国家蒙受损失，也给战斗在一线的工作者增添了繁重的工作量。

一、文明习惯和健康生活方式，化解心因症状

在疫情期间，青少年要养成文明的行为习惯。尽量不出

门，出门戴口罩，做好安全防护，不过度关注疫情，不过度恐惧害怕病毒等。养成良好的生活方式，早睡早起，规律作息，认真学习。这样才能保证我们积极阳光，青春激扬，身心健康。可是，一些同学的做法不仅影响了家人的情绪，还搞得自己心神不宁。下面案例中的小刚就是这样的情况。

【案例 52】科学防疫，小刚做对了吗？

小刚是一名六年级的学生。自从复工以来，妈妈每天都要去上班。在妈妈出门之前，小刚就找出家里的口罩和一次性手套给妈妈，还让妈妈至少戴三层，告诉妈妈在大街上躲着人走。回家后，他又赶紧给妈妈的背包进行消毒，催促妈妈赶紧去洗手、洗脸。他告诉妈妈洗手时至少要打三次肥皂。尽管妈妈说没事儿，可他还是一直要求妈妈洗，还说万一染上病毒，传染给全家怎么办。他越想越害怕，于是对妈妈出门前的准备工作和回来后的消毒工作就更上心了。

小刚这样做对吗？小刚的这种行为是特殊情况下必要的个人防护行为，在他看来是合理的。其实，他在“灾难化”的思维影响下，显得过分紧张了。对于小刚这种过度紧张的行为，家长该怎样做呢？我们一起来看专家的建议。

【心理专家支招】

1. 官网获取信息

跟孩子讲解当前新冠肺炎疫情的控制进展，一起收看官方平台发布的权威消息，如当地卫健委、《人民日报》、学习强国 APP 等官方平台发布的消息。跟孩子一起分享国家在控制疫情方面取得的成果，比如确诊人数的下降、治愈出院人数的上升等利好消息，用正面、积极的消息给孩子希望和力量，以克服他的恐惧心理。

2. 积极正向引导

跟孩子做积极有意义的事情，陪孩子读英雄的故事，跟孩子讨论书中的英雄在遇到危机时是如何表现的，他的哪些行为和思想是值得我们学习的。现在我们也遇到危机了，我们应该怎样积极应对？让孩子开动脑筋，用积极的思维代替消极和紧张的情绪。

3. 养成文明习惯

养成文明的行为习惯，如果确实需要外出，一定要做好个人防护，戴好口罩和手套，回家后勤洗手。轻微症状在家隔离观察，可疑症状就近就医。学会科学的洗手方法，用流动的水和肥皂，可采用“内、外、夹、弓、大、立、腕”的“七步洗手法”，时间不少于十五秒。

当我们拥有良好的心态，养成文明的行为习惯，采取科学合理的生活方式，严格按照权威方式进行科学防护时，我们就一定能够阻断病毒的传播。科学家们也可以早日研制出控制病毒的良方，为人民群众的健康筑起安全的防线。

第五节 突发事件下对逝去生命的哀思与哀悼

生命，对于每一个人来说只有一次。可是在突发事件中，有那么多的生命瞬间陨落。疫情出现后，尤其是暴发期间，随着确诊人数和死亡人数的不断增加，人世间上演着一幕幕悲欢离合。

大疫面前，面对生死的考验，不同的人，表现出不同的态度。有的人在生死面前大义凛然、为民请命，表现出革命的乐观主义精神。比如，逆行一线的医务工作者、警察、武警战士、志愿者等，他们舍小家为大家，纷纷请战一线，从全国各地紧急驰援武汉。有的人面对生死却悲观、恐惧、愤怒，甚至殴打医务工作者。不同的生死观，产生了不同的行为，留下了不同的影响。为祖国、为人民而战的人，给我们留下了宝贵的精神财富，被人民所敬仰；危害社会、损害国家和人民利益的人，被人民所唾弃。

逝去的英雄，他们的生命虽然已经画上了句号，但却永远活在人民的心中。

一、给妈妈一个美丽的花园，让哀不再伤

人的生命，从生到死，有多远？谁也无法估计。当枝头的鲜花画着美丽的弧线投向大地怀抱之时，便是生命的凋零，是自己生命最美的壮行。面对逝去的英雄，后人将会以怎样的方式做最后的告别呢？小波对着妈妈的照片，一遍遍地说着："妈妈，我等你回家！"

【案例 53】妈妈，我等你回家！

2020 年 2 月 23 日，武汉市其医院发出公告：沉痛哀悼在当天以身殉职的一位英雄医生。她的离去，带给其孩子无尽的伤痛。尽管这个孩子还不知道什么是生离死别，但是他永远也看不到自己的妈妈了。视频中，他静静地坐在妈妈的照片前，嘴里念叨着："妈妈，我等你回家！"乖巧懂事的样子让人心酸。他还有好多心里话要讲给妈妈听，可是妈妈却再也听不到了。

面对很小就失去妈妈的孩子，我们在感慨生命无常的同时，更加激起了对生命的敬畏。我们该如何通过哀伤辅导，让他哀而不伤呢？

【心理专家支招】

1. 家人的陪伴

爸爸及其他亲人对孩子做到心理上的陪伴，给孩子更多的温暖、关爱和陪伴。

2. 网络送别

尽快举办一个网络哀悼仪式，让亲人们说出自己对逝者的哀思，让孩子说出对妈妈的思念，把情绪宣泄出来。

3. 空椅子哀悼

（1）给孩子一张纸和一盒彩笔，让孩子把此时想妈妈的感觉用自己喜欢的颜色和方式画在纸上。

（2）跟孩子说："你希望妈妈生活在一个美丽的大花园里吗？把它画出来。"

（3）让孩子给妈妈写封信，说出自己最想跟妈妈说的话。

（4）让孩子做一份礼物送给妈妈。

（5）把画放在一张空椅子上，让他对着椅子，把信念出来。

（6）让孩子说："再见，妈妈，我会把您记在心里，您安息吧！"

（7）把孩子画的画、信和礼物都收藏起来，和妈妈的遗物放一起。

4. 关注孩子的心理

做好后续心理援助，给孩子更多的关爱和陪伴。

通过绘画、空椅子技术以及写信的方式，把孩子对妈妈的思念情绪淋漓尽致地表达出来。通过最后强调"再见，我会把您记在心里"传达出与过去分离，放下这段关系。后续的心理援助，帮助孩子除了珍惜离世的妈妈之外，更要看到自己所拥有、期待和渴望的生活。妈妈的离去，并不是关系的结束，而是"记在心里"，是另一种在一起的方式。

生命的哀悼，是对逝者的告别，是与生者关系的重新建立。让逝者永远活在人们的心中，成为一种温暖，一种激励。正如矗立在天安门广场的人民英雄纪念碑上毛泽东主席亲笔题词的“人民英雄永垂不朽”一样，在这次疫情中牺牲的烈士，他们永远活在人民的心中。

无论是革命，还是灾难，都是一场生命的教育，都体现着人性，彰显着生命的意义和价值。是成为有益于人民的人，还是成为遭人唾弃的人？是轰轰烈烈过一生，还是碌碌无为过一生？如何让自己的生命更有意义和价值，如何让自己的生命更有质量、更加精彩，是摆在青少年面前需要思考的生命教育的重要内容。

第七章　家国情怀篇

《论语·述而篇》中讲：“子之所慎：齐，战，疾。”可见，孔子作为洞悉大道的圣贤，殚精竭虑地思考着国计民生。自古以来瘟疫和战争一样，都是关乎国家安危和民族命运的头等大事。由此看来，如何面对和应对“疾”，也是对整个国家和民族的重大考验。那么，青少年作为国家和民族的未来，身处于这类突发事件之中，如何对这些重大事件做出恰当的反应，并且能主动参与其中，进行有效的思考，确实是摆在我们面前的必须要解决的课题。

第一节　突发事件下的个体力量

突发事件总是会与我们不期而遇，给我们的社会带来难以言喻的伤痛。当突发事件发生的时候，微小的个体能够做些什么呢？我们可以向带头冲锋的英雄学习，也可以向默默无闻发光发热的逆行者致敬，更直接的，我们每一个人都能做自己力所能及的事，为共同抗击天灾人祸尽绵薄之力。

一、榜样，指引生命方向的星辰

人类自古以来就有观天象、依靠星辰辨别方向的传统。夜空中星辰密布，却能给海上漂泊的渔船和岸上迷茫的过客指引路途的方向。而在人类浩瀚的历史长河中，也有这样一批人，他们像星辰一样闪烁着璀璨的光辉，传递着文明的精神和力量。

【案例 54】小文的新偶像

12 岁的男孩小文平日里喜欢追星。他经常和同学聚在一起讨论关于偶像的话题，有时也会在各种网上社区和社交媒体表达对偶像的喜爱，甚至在穿着打扮上都模仿偶像。他觉得这样的自己很酷。疫情期间，待在家里的小文多了很多和父母交流的时间。渐渐地，他发现父母这段时间特别关注一位叫钟南山的老爷爷。而自己的同学、朋友们也时常在社交平台上转发这位老爷爷的一些事迹。他非常好奇，是什么样的老爷爷能让这么多人关注他？渐渐地，他也开始在网络上逐渐了解大家一直讨论的钟南山，也开始关注各种和钟南山有关的新闻报道。他说："其实我现在还是不太了解钟南山爷爷是个什么样的人，但是每次看到他，我就会觉得很安心，没有那么害怕传染病的传播和蔓延了。我觉得他们这些专家很有学问，很有气质，也很有社会责任感……尤其是在这种特殊时期，他们就像是我们每个人心中的‘希望’，我很想成为钟南山爷爷这样的人。受人崇敬，被人需要！”

【心理专家支招】

1. 了解榜样

你知道什么是榜样吗？你有自己喜欢的榜样吗？你喜欢你的榜样的哪一点呢？去问一问你父母，他们有自己的榜样吗？你们的榜样有什么区别吗？也许在这个过程中，你能更加明白，榜样是什么，以及榜样有什么样的力量。

2. 发现榜样

从书籍、媒体、网络平台查阅资料，接触和了解我们国家的民族英雄事迹，如时隔 17 年又奋斗在抗疫第一线的钟南山院士；怀抱赤子之心矢志回国的钱学森；在大戈壁忍着酷暑严寒进行核试验的邓稼先；为杂交水稻事业奋斗终生的袁隆平等。这些人的事迹你都知道吗？读了他们的故事，你有什么感受呢？

3. 阅读经典，传承精神

通过文学典籍了解中华文化一脉相承的“士”的精神品格。如《论语·卫灵公篇》有讲：“志士仁人，无求生以害仁，有杀身以成仁。”北宋大家张载说过“为天地立心，为生民立命，为往圣继绝学，为万世开太平”的名句。了解这些名句的意义和内涵，相信你对于榜样的认识会更上一层楼。

二、肩负重任，最美丽的逆行者

鲁迅先生说过：“我们自古以来，就有埋头苦干的人，有拼命硬干的人，有为民请命的人，有舍身求法的人。”在各种突发事件当中，总有这样一群人，迎着危险、逆向而行，他们大踏步地奔赴属于自己的战场，给我们留下了坚实的背影。怀着“虽千万人吾往矣”的气势出发。归来后，他们不计名利，“事了拂衣去，深藏身与名。”

【案例 55】《最美的逆行者》

10 岁的小明跟着父母一起去美术展览馆参观。在参观的过程中，他发现有很多人聚集在其中一幅漫画前，你一言我一语地讨论着这幅漫画。漫画的左右两边画着很多人面色慌张地在往隧道外面跑，画面中间则是一个消防员的背影。他背上背着消防工具，走向隧道的另一头。这幅画的名字叫《最美的逆行者》。小明左思右想也想不明白这幅画为什么叫这个名字，只能不解地抬头问爸爸：“爸爸，这个消防员连脸都看不到，为什么叫最‘美的逆行者’呀？”爸爸摸着他的头说道：“这位消防员叔叔为了保护火场里被困的人，迎着危险前进，这份向死而生的勇气和精神，就是最美好的品质。”小明似乎明白了，心灵深层的美好才是真正的“美”。

【心理专家支招】

1. 了解《最美的逆行者》

你看过《最美的逆行者》这幅漫画吗？如果你是图中的消防员，你会面临哪些困难，又会想些什么呢？写下你的想法，你会更加明白，选择逆行虽然艰难，但我们有让灵魂升华的渴望。

2. 重新定义“美”

“美”不应当停留在表象，更应该深入内涵，能够为他人、为社会做出贡献的人就是美丽的。去观察一下环卫工人、公交司机、执勤交警，了解他们工作的内容，以及他们的工作对我们的社会有什么样的贡献。你会明白，什么样的人，才是最美丽最可爱的人。

三、一以贯之地为实现梦想脚踏实地

“书山有路勤为径，学海无涯苦作舟。”求索真理的路途向来是艰辛的。特殊时期，疫情隔离了校园，却隔离不了梦想。透过案例中孩子们的求学身影，我们仿佛又看到了凿壁偷光和囊萤映雪的故事。

【案例 56】不一样的课堂，一样的求学精神

今年春天，14 岁的小俊迎来了一个不同寻常的开学季。受疫情影响，学校只能安排网络教学。而贪玩的小俊因为在家里上课，不像学校里那样严格，便在上网课的过程中开起了小差。有时电脑开着课程直播，自己却在一旁玩手机游戏。老师在直播时，他也会和同学们通过社交软件窃窃私语。一天晚上，他坐在沙发上跟父母一起看新闻，新闻里正好在播放有关网络教学的报道：有的孩子因为家境贫寒，只能借着邻居家的网络上课，为了不打扰邻居，还特意每天在平房顶上学习；有的孩子因为地理位置偏远，家里接收不到信号，要步行几公里到荒无人烟的雪山顶，直到有信号才能坐下来安心学习，根本顾不上寒冷和饥饿；还有的孩子不幸被确诊为新冠肺炎，还坚持在方舱医院里读书，矢志不渝地坚持学习，准备迎接高考……小俊看着看着，心里越来越觉得不是滋味。

【心理专家支招】

1. 主动适应，提高效率

在家里虽然能通过网课的形式学习，但习惯了被老师监督和同学影响的孩子们，由于缺乏线下监管，难免会思想懈怠，从而降低学习的积极性和主动性。同时，对于我们大家以及老师来说，网络教学都是一个新鲜的事物，我们应该积极配合授课教师，共同适应这一新的教学模式，从而发现在学校里上课不可能体会的另一面，想办法主动拉近和老师同学沟通交流的距离，从而切实提高我们的学习热情，让自己在家学习也能保持很好的状态和较高的效率。

2. 培养习惯，提高自控力

在没有老师监管的家里学习，更需要自控力。自控力不是靠喊口号就能提高的。首先要有一个提高自我控制的愿望，并写下一些小的目标，每天积极督促自己，看看是不是能够做到。只要坚持，自控力就能得到提高。

3. 忆苦思甜，珍惜当下

去了解“凿壁偷光”“囊萤映雪”“头悬梁锥刺股”这几个成语的由来。这些人在艰苦的环境下仍然矢志求学。我们现在有这么好的条件，又怎么能够不珍惜而懈怠呢？

第二节 突发事件下的社会担当

突发事件中，总是有这样一群人，在面对困难的时候，毅然决然地挺身而出、倾其所有。为了国家的和平稳定、民族的繁荣昌盛，也为了自己的人格理想、职业信念，躬身践行仁义大道。为了同胞们能安居乐业、幸福生活，他们在各自的岗位上兢兢业业、恪尽职守。他们是医生，是消防员，是交警，是外卖小哥。他们都是最可爱的人！

一、责任，让生命更有力量

在我们的人生路上，会遇到很多的困难。很多时候，支撑我们迎难而上的，恰恰就是身上的那份责任和担当。因为有责任，我们才有了直面危险的勇气。也正因为有了这份勇气，我们的生命才更有力量。

【案例 57】小智眼中“不着家”的父母

14 岁的小智一家住在武汉。他的爸爸是一名呼吸科的医生，妈妈是一名护士。今年春节前夕，疫情在武汉暴发后，小智的爸爸妈妈也在第一时间奔赴抗疫第一线。由于工作太忙，他们根本无暇顾及家中的小智。平常小智已经习惯了父母的忙碌，但是，这一次，小智对于在期待已久的假期里却得不到父母一丁点儿的关注和照顾，心生抱怨。但是，每当看到爸爸妈妈带着满身疲惫回到家中，甚至还来不及休息就又出发上岗时，“心疼”成了他内心最主要的感受。懂事的小智说：“虽然爸爸妈妈每天早出晚归，甚至有的时候晚上也回不来。但我知道，他们都在医院里救治病人，他们都非常辛苦。我以后也要像他们那样，穿上一身帅气的白大褂，打败疾病，救很多很多的人。”

【心理专家支招】

1. 角色扮演，了解责任

做一个角色扮演的游戏。想象一下自己是医生、消防员，或者是军人。当突发事件发生时，有人需要我们救助的时候，你会怎么做？结合现实生活中的医生、消防员和军人的事迹想一想，你是不是更敬佩这些身担责任、为民服务的奉献者了？

2. 传唱经典，理解“国家”

你听过《国家》这首歌吗？这首歌中有一句歌词是“家是最小国，国是千万家”，你知道是什么意思吗？疫情期间，很多医务工作者为了抗击疫情而不能照顾家庭，这就是一种国家利益至上的伟大品格。国家平安稳定，家庭才能幸福祥和。学会《国家》这首歌，你一定会更理解什么是“家”，什么是“国”。

二、尽己所能，平凡里也有不平凡的精神

突发事件面前，我们有高举大旗、带头冲锋陷阵的英雄，也有坚守岗位、奋战不息的医务工作者。此外，还有许多名不见经传的普通劳动者，为了前线抗疫战士们能够及时获取物资，为了后方人民群众的基本生活得到保障，在这个特殊的时刻，他们仍然穿行在封闭的大街小巷，以最默默无闻的方式，为居家隔离的无数人民传递着生活的希望和坚守的温度。想对他们说一声："感恩有你，平凡的你们，让这个世界变得不凡。"

【案例 58】热切期盼的人是快递小哥

小月是一名 12 岁的女孩。放假前，她做了很多寒假尤其是春节的生活计划，特别盼望寒假期间可以去山东老家看望许久未见的爷爷奶奶和最爱的姑姑。结果因为疫情，一切计划都泡汤了。他们一家人只能待在家里，哪也不能去。让他们始料不及的是，商场、超市也都纷纷关门，停止营业。别说回奶奶家，就连去购置一些急需的生活物资都成了问题。幸好，听妈妈说快递小哥和外卖小哥没有停止工作。于是，网上购置物资就成了小月一家唯一的"希望"。要知道，小月从来就没有这么期盼过快递哥哥们的到来。虽然现在快递无法送货到家，但是，每次出大门取快递时，

面对他们藏在厚厚口罩下的面庞，似乎总能看到他们热情的微笑！小月不由得要说一声：“谢谢！你们辛苦了！”

【心理专家支招】

1. 认同职业，认同平凡

许许多多平凡的职业人构成了我们生活的线条，这些线条为我们编织着一张生活的大网，我们每个人都可以成为这张网的节点。职业人穿梭其间，丰富着我们生活的方方面面。所以，劳动无贵贱，职业无高低。想一想，我们生活中的每一个平凡的职业人在关键的时刻给我们的帮助和支持。接纳平凡，是青少年们要用心体会的一个问题。

2. 学会尊重，懂得细微处的真诚

想象一下，如果没有快递小哥，没有环卫工人，没有社区门卫，我们的生活还能否正常地维持下去？尤其是在新冠肺炎疫情期间，这些普通人的工作为我们注入了汩汩暖流和殷殷温暖。因为有了他们，我们的社会才能稳定有序地发展。所以，我们要学会感恩，感恩他们为我们社会的方方面面提供了支撑和保障，更要学会尊重，互相尊重才能构筑起和谐的社会关系。

【案例 59】那根竖起的旗帜

小张是一名普普通通的外卖小哥。他在接受记者电话采访时，讲述了自己在武汉新冠肺炎疫情暴发期间坚持工作的故事：有一次，他因一通电话踟蹰于一

幢居民楼下。电话那边是一位女士在苦苦哀求，她恳请小张将她给老母亲买的食物送到楼上的家门口，因为她年迈的母亲不能下楼自取。小张完全有理由拒绝她，但是，最终他还是克服了恐惧心理，遵从客户的请求，将食物送到了老人家门口。记得在返回配送站的路上，他一直高举着那个触碰过电梯按钮的手指，力求它不要再触碰到手的其他部位。但是，他更真切地感觉到这根手指似乎就像是一杆高高竖起的旗帜，让他感觉到自己存在和付出的价值！

【心理专家支招】

1. 细微的支持，也是力量

想一想，外卖小哥每天奔波于城市的大街小巷，他们对社会的贡献有哪些？物流配送工人天不亮就要工作，他们对社会的贡献又有哪些？多去观察生活，你会发现，这些平凡岗位上的普通人，他们点滴的付出，对我们的社会也有巨大的贡献。外卖小哥便利了千家万户的生活，环卫工人让我们的城市保持干净整洁。我们都是普通人，但我们都可以贡献自己的力量，为祖国、为社会添砖加瓦。

2. 举手之劳，意义不凡

生活中，我们的举手之劳，有时候也有不平凡的意义。比如案例中的小张，虽然他只是上楼配送了外卖，却解决了一个老人出行不便的难题，小小的善举就有了大大的意义。想一想，你有没有因为别人随手的帮助而解决了难题的经历呢？生活中，我们也要多做好事、善事，“勿以恶小而为之，勿以善小而不为”。也许是一次普普通通的让座，也许是一次简简单单的指路，我们的小小善举，也会将善意传递给每一个人，就像歌曲《爱的奉献》中唱的那样：“只要人人都献出一点爱，世界将变成美好的人间。”

第三节　突发事件下的群体意志

每一次突发事件，都是对人类群体的一次考验，而每一次，我们都能团结一致、众志成城、共渡难关。人从来就不是被困难打倒的，灾难反而会让我们变得更加团结友爱。在这个地球上，我们每个人手拉手、心连心，每一个人散发出属于自己的光亮，世界才能熠熠生辉。

一、群策群力，团结奋进，铸就奇迹

伟大的事业需要每一个人为之付出。正所谓团结一心，其利断金。疫情期间，火神山医院和雷神山医院的建设，堪称奇迹。这项伟大的建设工程中，凝聚着中华民族团结一致、患难与共的伟大精神。

【案例 60】小宇成了“监理”

小宇今年 12 岁。受疫情的影响，小宇一家人只能待在家里。然而，活泼好动的小宇总是能找到事情

做。这段时间，他有了一个特殊的身份，那就是火神山医院和雷神山医院建设工程的“监理”。每天早上，小宇都会准时打开央视的直播网站，跟一起观看直播的网民们互相打招呼：“大伙早上好，接早班的来啦！”然后就加入到热热闹闹的直播间讨论当中。爸爸妈妈问他在看什么，他就颇有兴致地说：“我在看火神山医院和雷神山医院建设施工的直播，我们还给这些施工车辆起了名字呢。那个白白胖胖的混凝土搅拌车叫“送灰宗”,红色的又细又长的吊车叫“送高宗”，这个挂在空中的摄像头叫“摄政王”，我最喜欢的是那边那个蓝色的挖掘机，它叫“蓝忘机”，因为它一直在废寝忘食地工作。”像小宇这样的“云监工”还有几千万。大家每天坚守在直播间，共同见证着两座医院从无到有的过程。小宇说：“看着工地上一天天大变样，我觉得我们国家实在是太了不起了！”

【心理专家支招】

1. 团结的力量

你有过和他人团结协作的经历吗？在那次合作中，你负责的内容是什么呢？你是否曾经觉得自己在团队中的贡献不大，是微不足道、可有可无的呢？看了火神山医院和雷神山医院的建设过程，你是否有了新的认识？

2. 从基建看民族自豪感

我们国家的基础建设事业经历了数十年、几代人的摸索和探索，才有了现在辉煌的成就。川藏公路、南京长江大桥，这些艰难的建设工程，你听说过吗？查一查，我们国家那些令世界惊叹的基建工程，是通过怎样的努力实现的，蕴含着怎样的民族精神和力量。了解了这些，你是不是为我们的国家更加感到骄傲和自豪了呢？

二、互相扶持，共渡难关

生活中，没有人是孤立的。我们每一个人的成长过程中，都离不开他人的帮助。他人向我们伸出的援手，成了我们战胜困难的坚实力量。彼此互相支持，我们的感情会更加深厚，道路也会走得更加长远。

【案例 61】给“武汉热干面”加油！

飞飞是一名家在淮南的 12 岁男孩，他喜欢画画，经常在各种网络社交平台和其他爱好者们分享、交流各自的作品。这个寒假，飞飞除了在家学习、上网，也很关注疫情的发展。他看到我们祖国的多个省份，在武汉暴发新冠肺炎疫情之后，迅速有力地展开了支援。不仅有医务工作者的驰援和医疗物资的运送，还有大量的生活必需品也从全国各地运往武汉。飞飞也很想为武汉做点什么。刚好，《人民日报》发起了一个各地特色食物给“武汉热干面”加油的活动，有北京的网友画了北京炸酱面，并配了文字“北京炸酱面给武汉热干面加油！”有天津的网友画了小笼包，表示“天津小笼包给武汉热干面加油！”飞飞说：“我们家在淮南，淮南最有名的就是牛肉汤了，我要画淮南的牛肉汤，给武汉热干面加油！”

【心理专家支招】

1. 互助，情真意切

人是社会性动物。纷繁复杂的社会里，没有人可以独善其身。我们总是需要别人的帮助，同时也会向别人伸出援手。正是因为我们互相扶持，才能够加深彼此的感情。寻求帮助并不是一件难以启齿的事情。在学习生活中，我们既要积极帮助他人，在必要的时候，也不能羞于向他人求助。

2. 典籍传承文化

“四海之内，皆兄弟也。”“海内存知己，天涯若比邻。”这些名句的意思，你都知道吗？查一查这些诗句，相信你会更加明白什么叫“一方有难，八方支援”。

三、同住地球村，同是一家人

浩瀚无垠的宇宙中，地球也仅仅像是一粒沙子，而就在这一粒沙子上面，汇集着全世界几十亿人口的点滴生活。灾难面前，我们不分国籍、不分肤色。我们要打破文化的界限，突破山川的阻隔，青山一道，风雨同担。

【案例 62】照片里萌发的国际主义精神

浩浩今年 13 岁。他的爸爸是一名天文工作者。因为经常跟在爸爸身边耳濡目染，浩浩也对天文学产生了浓厚的兴趣。假期里，浩浩看到爸爸在整理自己收集的天文学照片，便饶有兴致地凑了过去。其中一张照片引起了浩浩的兴趣。这张照片看上去乌黑一片，也看不到任何一个天体。他不解地问爸爸："这张照片拍的是什么呀？"爸爸耐心地跟他说："你仔细看，这张照片里面是不是有一个很小很小的蓝点。那个啊，就是咱们生活的地球。你别看咱们的世界这么大，其实在宇宙里也是微不足道的。咱们人类也一样。看起来好像无所不能，实际上很多的天灾人祸，都需要大家互相帮助、共同克服。这张照片想要传达的就是这个意思。"听了爸爸的话，浩浩想起了自己前不久在学校学过的"白求恩不远万里来到中国，支援中国人民解放事业"的故事，感觉自己对于什么叫"国际主义精神"有了更多的认识。

【心理专家支招】

1. 问一问

问问你的长辈，或者在网络上查找资料，了解全世界人民抗击埃博拉病毒、印尼海啸、汶川地震、日本福岛核辐射的经过。通过这些历史事件，了解世界人民大团结的意义。

2. 画一画

如果世界上的所有人都生活在一个村子里，那应该是怎样的一幅景象？试一试，把你心目中的地球村画出来。

3. 想一想

你知道什么是“人类命运共同体”吗？试着去搜集相关资料。也许你现在还无法理解什么是“人类命运共同体”，但只要坚持努力学习，将来，你一定会有全新的认识和体会。

灾难固然给我们带来了很多伤痛和损失，但在灾难之中，我们看到、听到、经历的故事，以及从中体会到的那一股股积极向上的力量感，却是在寻常生活中不可能获得的。这些事情往往没有那么的宏大叙事，反倒是生活细节的点滴总和。但恰恰就是这些微不足道的点滴，汇集成了我们的家国情怀。也许我们还小，能做的事情不多，但“不积跬步，无以至千里”。我们要一步一个脚印，好好学习，不断积累，梦想就在不远的前方。相信总有一天，我们也会成为社会的中坚力量，肩负责任，为我们的社会、我们的祖国、我们赖以生存的地球村，做出属于我们的贡献！

第八章 生态自然篇

大自然是人类赖以生存的栖息之地，也是人类永远离不开的母体。良好的自然生态环境为人类的生存和发展提供了基本保障。但随着科技的飞速发展，人口数量的急剧增加，人类的生产、生活对自然界造成了巨大的冲击，引发了诸多自然生态危机问题，如泥石流、洪水、传染性疾病等。恶化的环境和衰竭的资源会制约社会和经济的发展，更威胁着人类的生存。因此人与自然和谐相处，按自然规律办事，科学利用自然，保护自然生态环境是有非常重要的意义的。

面对日益复杂的自然生态环境，培养青少年的自然生态价值观以及相关的心理调适能力是刻不容缓的工作。这既是为保证我们国家长久、稳定、快速的发展，也是为了解决生态环境的日益恶化。

第一节 积极应对突发自然生态问题

日益突出的生态环境问题，严重阻碍了经济的发展和社会的进步，进而在一定程度对人类的生存与发展造成了冲击。生态环境问题正在演变为当代世界与人类社会的中心问题。人们越来越清晰地认识到问题的严重性，并着手探寻问题的实质与解决途径。在不断的求证与探索中，我们发现大多数生态环境问题是人类行为的结果，而人类行为与人类的心理息息相关，所以生态环境问题有深厚的心理根源。因此如何唤醒人类的生态自然潜意识，对促进生态自然的保护以及建立生态自我尤为重要。

2020年的农历春节对于中国人而言是一个不一样的春节。突如其来的新冠肺炎疫情迅速在全国范围内蔓延。然而这绝不是个案。近些年来，世界各地也都在频频发生着不同的灾难——印度蝗灾、非洲猪瘟……而每一场灾害都与人类息息相关！面对这些生态问题，我们该怎样积极应对呢？我们来看以下案例。

一、了解生态危机产生的原因并与之和谐共处

新冠肺炎是人类历史中没有发生过的疾病。面对新出现的传染病，人们会有很多疑惑。我们要学会正确应对。

【案例63】我想出去玩，发生什么了？

10岁的男孩浩浩性格活泼，很喜欢户外运动。今年寒假，他突然感受到同以往假期有些不一样，所有人被要求待在家里，尽量少出门，必须出门的时候还需要戴口罩。他感觉到大人们都很紧张。他心里很不

开心。为什么不能像以前一样在户外开心玩耍？为什么他不能去拥抱大自然了？他晚上做梦都会梦到像以往假期一样去旅游。他很想知道到底是怎么了。

【心理专家支招】

我们可以看到浩浩的困惑，是因为他不知道为什么这个假期跟平时不一样，人们为什么那么紧张，所以困惑就产生了。如果不能及时、有效地解除他的困惑，就会干扰浩浩的生活，也可能会让他产生不必要的心理负担。我们建议大家用好下面三招。

1. 直面问题，解除困惑

很多的困惑来源于我们的未知。我们很好奇、很想知道怎么了，我们首先要做的就是了解它。面对疫情带来的困惑，我们可以通过正规的渠道积极地去了解它发生的原因。我们对情况了解得越多越客观，困惑的程度就会明显降低。家长要帮助孩子了解当前的疫情，用孩子能听懂的语言给孩子讲新冠肺炎给人类、给现阶段的中国造成的巨大影响，让孩子参与了解当前真实的情况。我们要告诉浩浩，现在有一种传染病叫新冠肺炎。它会通过一个病人传染给正常人，而且传染性很高。得了病的人会很难受，会发热、浑身没劲、干咳、还会喘不上气甚至死亡。所以我们要待在家里，不要让自己生病。

2. 了解原因，积极应对

刚才说到，当我们了解了情况时，困惑会降低，这样我们就会遵从医学专家的建议，通过切断疾病的传播途径，保护好自己。医生通过治愈患者来消除病毒对我们的伤害。家长可以告诉浩浩：“等我们战胜疫情后，就可以在春暖花开时再次拥抱大自然。”这样，可以给孩子以战胜病毒的勇气和希望。

3. 人类要与自然界的生物和谐共处

我们了解到，许多疾病的传播其实和野生动物有关，所以我们要呼吁人类爱护野生动物，要和大自然中所有生物和谐共处。我们要让孩子知道敬畏自然、敬畏所有生命，将来才能更好地拥抱大自然。

二、改变认知，通过积极行动来解除疑惑

2003 年的“非典”是一种由 SARS 冠状病毒感染引起的急性呼吸道传染病。SARS 病毒与新型冠状病毒有 80% 以上的相似性。历史是如此惊人的相似，让人们不解。

【案例 64】这是来自自然生态的报复吗?

16 岁的女孩婷婷性格内向，很喜欢学习。在 2020 年初这个特殊的寒假里，她通过查询资料了解到 2003 年的那个由冠状病毒感染引起的疾病——SARS。看到关于 2003 年 SARS 的介绍，婷婷想，冠状病毒怎么那么“执着”，17 年后又出现了。她觉得这是大自然对人类的惩罚，甚至觉得这样的事情以后还会出现。婷婷很纠结。她觉得自己应该做点什么，但她又不知道从何做起。

【心理专家支招】

我们可以看到婷婷的纠结，是因为她想为社会尽自己的一分力量，但她还只是一名中学生，她不知道自己应该怎么做，她甚至担心做了能不能得到别人的认可。我们的建议如下：

1. 做力所能及的事情

面对疫情，首先要学会转变思维，做我们力所能及的事情。只有积极的行动才能保持身心健康。我们要做到保持正常的作息，好好吃饭、好好睡觉、好好学习，向家里人普及疫情知识。保持思辨能力，不信谣、不传谣。要好好读书，读书使人明智。不要因为自己无能为力的事，影响力所能及的事。

2. 用自己的方式进行健康宣教

保护野生动物是人类应尽的责任，所以我们要呼吁人们禁止吃野味，同时监督我们周围的人。婷婷可以做一些电子宣传图片、宣传视频等，让人们都知道不能吃野生动物。通过健康宣教改变人们的意识形态和生活方式。

3. 了解自然 保护生态

当我们开始对一些事情有疑惑时，我们会问自己可能会发生什么事情，该怎么避免，该做的事情有没有做。如果都做了，那我们就静等结果好了。婷婷担心以后冠状病毒还会来。其实冠状病毒在自然界中广泛存在，它需借助宿主才能存活。比如野生动物中的蝙蝠、穿山甲、果子狸等，借助中间宿主就可能感染人。只要知道这些知识，我们就可以采取相应的措施让病毒不要侵害到我们人类，所以不用过度担心！

三、通过有效措施改善生态危机导致的心理应激障碍

蝗灾，又称蝗祸，是指蝗虫引起的灾变。大量的蝗虫吞食禾田，使农作物完全遭到破坏，造成严重的经济损失，以及因粮食短缺而引发的饥荒。2020 年一场罕见的蝗虫灾害席卷了东非和亚欧大陆，包括肯尼亚、索马里、埃塞俄比亚等在内的东非国家正遭遇 25 年来最严峻的沙漠蝗灾。我们要学会处理生态危机导致的心理应激障碍。

【案例 65】爸爸在“灾区”工作，我好担心

11 岁的男孩辰辰性格内向。他的爸爸在非洲工作。他从新闻上了解到非洲蝗灾非常严重，看到乌压压的蝗虫遮天蔽日地飞过村庄和田野，他还让妈妈给他看了很多相关的新闻图片。晚上睡觉时，辰辰梦到一大群蝗虫飞到中国，树木瞬间都被啃光，然后朝着他飞来。辰辰大叫一声后被吓醒了。他非常担心这次蝗虫灾害会伤害远在非洲工作的爸爸。我们该怎样帮助辰辰呢？

【心理专家支招】

我们可以看到一个幼小的孩子的害怕和恐惧。他因为爸爸在非洲工作，就会觉得蝗灾离爸爸很近。孩子既担心爸爸

的安危，也担心有朝一日蝗虫会飞到中国，伤及家人和自身的安全。

1. 鼓励表达

小孩子害怕有害的事物是很正常的。发现孩子对某件事物产生了害怕心理时，首先我们要面对这种害怕，不要否定孩子的情绪，之后家长应给予孩子更多的安全感。安全感来源于跟孩子有较强的依恋关系的主要抚养者（一般情况下是妈妈）。案例中孩子从噩梦中惊醒，妈妈一定要抱紧孩子，轻声细语、轻轻地抚慰孩子。当孩子哭泣的时候，一定不要阻止，让孩子表达自己的情绪。当孩子在妈妈怀里逐渐安静下来时，再询问孩子发生了什么。

2. 可以给孩子讲“蝗灾这件事”

在孩子情绪平稳的时候，家长可以跟孩子一起了解蝗虫的危害，以及人类有哪些好的方法对付蝗灾。辰辰很担心蝗灾传入中国，说明他对自然灾害的防范和重视，这种担心是人类早期不足以对抗大自然时产生的害怕、恐惧心理。事实上，这次蝗灾传入我国并爆发的可能性很低，主要原因有：一是冬季气温低，蝗虫在10℃以下时一般不会有迁飞活动；二是我国有喜马拉雅山和昆仑山两个天然屏障阻隔，蝗虫很难越过这两大山系迁飞至我国；三是现在万物还未复苏，蝗虫取食的作物还未开始生长，它们的食料有限；四是我国不是这次爆发的蝗虫种类——沙漠蝗的自然分布区，我国的地理位置、生态环境不适合这种蝗虫的生长。另外，农业农村部目前正密切跟踪境外蝗灾动态，同时已安排云南、西藏等省区加强边境地区的蝗虫监测，严防迁入危害，做好了防控预案。我们要相信，国家对于防治蝗虫灾害已经有很成熟的经验，所以辰辰不必过度担心。当家长把这些有益的知识讲给孩子听，当孩子了解得越多越详细时，害怕情绪也就会慢慢缓解。

至于辰辰担心在非洲工作的爸爸会受到伤害，家人也要告诉他，蝗虫对人类最大的危害是它大量地破坏农作物、破坏植被，而并不会直接威胁人类的生存。从这个角度，也能缓解辰辰的担心和害怕情绪。

随着自然生态环境的日益恶化，越来越多的人从新的角度审视自然环境与心理健康的关系。任何人心理的发展以及心理问题的产生，都不是单一因素决定的，而是由自然、社会以及人的人际关系交互作用的结果，心理健康不仅仅应该包括自我内心的平衡，还包括自我与自然环境的平衡。

四、学会处理由自然问题产生的不良情绪

2019 年，澳大利亚森林大火造成了重大的财产损失和人员伤亡，数千人被迫离开家园。同时，火灾造成的空气污染也给当地人的生活带来了恶劣影响。面对大自然的怒气，我们出现不良情绪，该如何应对？

【案例 66】大自然的怒气——森林之火

军军是一名 13 岁的男孩。他性格活泼，很喜欢植物。当他从新闻上看到澳大利亚森林大山造成大片

大片的森林被烧毁，许多小动物被烧死，而且导致空气污染严重。他感觉很生气，心里很不开心。为什么不去扑灭大火？为什么要让大火烧那么久？他越想越生气，气得睡不着觉。我们该怎样帮助军军呢？

【心理专家支招】

我们可以看到，军军生气是因为他看到大火烧毁了很多美好的东西，造成了严重的后果。

1. 接纳并觉察

我们可以感觉到，澳大利亚森林大火让军军出现了愤怒情绪。我们要知道，愤怒也是一种正常的情绪。首先我们要接纳它。通常情况下，越小的孩子越容易有愤怒的情绪。因为愤怒是情绪中唯一一种可以给予我们力量感觉的情绪。特别是对于男孩子来说，愤怒能让他觉得有力量、有控制感。通过愤怒情绪，我们看到的是孩子内心深深的恐惧和担心，而恐惧的意义，在原始社会其实是保障自身安全最重要的途径。军军的这一状态其实是孩子为了抵抗恐惧及害怕情绪而表现出的比较原始的情绪对抗方式。

2. 正确疏导孩子的情绪，认知森林大火

军军有愤怒的情绪，家长不能嘲笑孩子，更不能打击孩子的情绪表达。应该因势利导，引导孩子的认知情绪，让他认识自然规律，知道大火对森林和森林环境的影响和作用是多方面的。当然澳洲的大火对森林来说是具有毁灭性的，是所有栖息在森林里的动物和全人类的悲哀。但是森林大火其

实每隔一段时间就会在地球上发生，而火也是森林生态系统健康发展不可缺少的一个环节。适度的火烧能使森林生态系统的能量缓慢释放，促进森林生态系统营养物质转化和物种更新。

五、了解自然，学会正确应对各种自然危机

泥石流是在山区或者其他沟谷深壑地区，因为暴雨、暴雪或其他自然灾害引发的山体滑坡并携带有大量泥沙以及石块的特殊洪流。它形成的主要因素有不合理的山体开采、地形陡峭导致的下滑力、土质松散影响的滑动力，以及强暴雨、暴雪等极端天气下水渗进土壤的"润滑"作用。

【案例 67】妈妈，我没能保护你

晓峰是一名 12 岁的小学生，家住矿场开发区。由于不合理的矿产开采，导致当地地质形态发生改变。某年夏天一次大暴雨后，他家所在地区出现了严重的泥石流和山体滑坡。晓峰家的院子被严重破坏，母亲还受了重伤。晓峰觉得很害怕，晚上夜不能寐。他觉得人在大自然面前十分渺小。作为灾民有一种无力感，对于自己没有保护好妈妈又有一种深深的愧疚感。他常自言自语地责怪自己。

【心理专家支招】

严重自然灾害后需要重建的，不只是城市，还有受害者

脆弱的心理。大型地质灾害给人们带来的伤痛，即便过去了十年、二十年，也是难以抚平的。因此，如果你身边出现了这样的人，不要犹豫，请拉他们一把！那么，该如何开展心理疏导呢？我们一起来看看吧。

1. 改变错误的认知

很多灾民在失去亲人后都会十分内疚（家人受伤甚至死亡，自己却还活着）。此时要让他们了解到，在地震、泥石流等如此紧急的灾难面前，你都不可能做到万无一失，你已经尽己所能了。

2. 寻求支持

每个人都有三大支持系统，即家庭、单位和社会。在心理治疗时，不可低估求助者亲属、同事和社会慈善机构在精神上和物质上的支持。要充分运用这些资源，帮助求助者战胜困难。

3. 教会孩子应该如何应对常见自然灾害

给孩子科普遇到常见自然灾害的紧急处理方法。比如本案例中，当你不幸遭遇泥石流或山体滑坡时，首先要沉着冷静，然后采取必要措施迅速撤离到安全地点。遇到山体崩滑时，要朝垂直于滚石前进的方向跑。切记不要在逃离时朝着滑坡方向跑。避难场地应选择在易滑坡两侧边界外围，千万不要将避难场地选择在滑坡的上坡或下坡。切忌贸然返回，以防遭受第二次滑坡的侵害。只有当滑坡已经过去，并确认安全后，方可进入。

正如本案例所示，青少年在经历过这次灾变之后，普遍出现的身心症状，包括焦虑、恐慌、情绪及行为的反应不稳定且容易失控等。因此，我们要了解面临灾变的这些正常反应，在日常的生活中对孩子进行心理健康辅导，这样可以有效疏解孩子在此阶段所承受的身心压力。

以上就是青少年应对常见自然生态突发事件心理反应，以及建议采取的处理措施。帮助青少年树立正确的自然生态价值观，积极做好相关的措施，才是有效解决问题的根本方法。

第二节　帮助青少年树立正确的生态自然价值观念

为了提高青少年应对自然生态方面突发事件的心理疏导能力，树立正确的自然生态价值观是非常重要的。接下来，我们将从以下几个方面来探讨如何建立正确的自然生态价值观。

一、提高自然生态意识，给予良好的教育环境

随着人类社会的发展，地球已成为愈来愈复杂的人类生态系统或人工生态系统。而人与自然的关系已经到了令人反思的交叉路口。是继续把自然界作为物质财富掠夺的对象，还是调整好人与自然生态系统的关系，与其和谐相处，这已

成为决定人类能否可持续发展的重大战略性问题。如果人与自然的关系不和谐，必将造成自然资源的枯竭、生态环境的污染和破坏，将来可能会喝不上干净的水、呼吸不上清洁的空气、吃不上放心的食物，这必然引发严重的社会问题。生态自然观强调“人——自然——社会”和谐一致的整体性。自然生态环境不仅为人类提供了直接生活资料，而且是人类生命活动的家园。这就要求我们，从我做起，从日常生活做起，爱护自然，保护生态。接下来我们一起来看一个案例，看看大家在日常生活和工作中有没有出现这样的情况。

【案例 68】“面子”与“环保”的冲突

13 岁的女孩小美性格活泼外向。疫情期间，小美所居住的小区物业为了防止交叉感染，给每个电梯间都放了一次性抽纸，便于居民按电梯按钮时有效隔离。可小美的妈妈觉得按一次电梯就用一张太浪费纸张，不利于环保，于是自制了可以循环使用的隔离装置并要求全家使用。小美不理解妈妈，觉得妈妈多此一举，拒不配合妈妈。妈妈很苦恼，觉得需要从小培养孩子爱护自然生态的意识，但不知该怎么做，于是前来求助。

【心理专家支招】

案例中的妈妈环保意识非常强，并且已经身体力行地为女儿做好示范。但由于女儿是未成年人，自然生态价值观尚未形成，认为面子、方便更为重要。这说明我们对未成年关于生态环境方面的教育还远远不够，我们要努力培养他们生态文明的好习惯。

1. 加大宣传力度，用更生动的例子培养未成年的意识

正确的意识是为了保证正确价值观的形成。通过多种途径，利用网络、广播、电视、杂志、期刊等资源学习生态知识、提高环保意识。让未成年人明白人类和生态环境之间的关系，这样才会使他们主动承担保护生态环境的责任，让未成年人拥有主动让祖国更加美丽的想法。

2. 从自身做起，做好示范工作

老师和家长也应该当好未成年人的标杆，给未成年人做出正确的示范。未成年人生态价值观的培养任重道远，学校不能放松，家长也要帮助学校规范孩子的行为。

未成年人生态价值观的培养，是全社会都要重视的问题，也是我们建设美丽祖国的必然要求。不仅要让未成年人明白道理，还要让他们有切实的行动。我们要给未成年人提供良好的教育环境，寻找更加有效的教育方法，促进正确生态价值观的形成。

二、顺应身心发展的规律，发现生活中的自然美

但丁曾经说过："要是白松的种子掉在石头缝里，它只会长成很矮的小树，但要是它长在南方肥沃的土地里，它就能长成一棵大树。"现在大多数孩子生活在城市当中，终日被高耸的楼房所环绕，犹如石缝中的小树，虽可以破土而出，

但无法挺拔。儿童的成长需要一个自由、放松、富于变化的环境。大自然的影响是巨大的，它拥有可以接纳一切、抚慰万物的力量。何不带着孩子到大自然中去呢？

【案例 69】我爱大自然

10 岁的男孩小杰活泼开朗，对周围的事情充满了好奇。他每天放学后就迫不及待地与小伙伴结伴去公园玩耍。春季里，一起观察公园里各种不同的树、美丽的花朵；夏季里，一起听池塘里青蛙的叫声、树上的蝉鸣声；秋季里，一起细数地上散落的树叶、看鲤鱼池游来游去的鱼；冬季里，一起感受阳光下的温暖。小杰在大自然中学会了很多知识。疫情期间，为了保证安全，小杰被母亲要求待在家里。小杰感到很无聊，请求母亲给他养一只动物或买一个水族箱来满足自己继续观察动物、亲近自然的愿望。小杰的母亲很犹豫，纠结自己要不要答应小杰的要求，所以前来咨询更能帮助孩子心理成长的方法。

【心理专家支招】

1. 顺应天性，促进心理成长

孩子对于大自然以及动物是有先天亲近感的，这对于孩子的心理发展和成长非常重要。我们应该关注孩子的成长，顺应孩子的天性，让孩子的本能得到发展。

2. 把握孩子的敏感期，提供更好的成长环境孩子在特定的阶段会表现出相应的探索敏感期。当敏感期到来时，我们作为家长应该尽力配合和培养孩子的这一特定行为，使得这种能力得以更完整地发展。比如孩子在两三岁时会开始对一些动植物的外观感兴趣，家长就可以带着孩子去了解多种动植物的外观；而孩子在小学阶段则可能对天文、地理等更深层次方面的知识感兴趣，我们就可以带着他们去博物馆了解事物的内部发展规律。

我们应该顺应孩子的身心发展规律，陪伴他一起了解我们赖以生存的自然生态环境。

三、带孩子亲近自然，感受自然的魅力

在室外，对于刚刚开始认识世界的孩子来说，大自然是最好的老师。我们尽可能多带孩子亲近大自然，在确保安全的前提下，给予他足够的时间和耐心，满足他观察和探索的欲望。

【案例 70】妈妈，学习不是我的全部

14 岁的女孩文文比较喜欢户外活动，喜欢亲近大自然。临近升学，学业压力比较大，父母为了帮文文考上理想的高中，给文文报了很多补习班。即使是因疫情严重而居家期间，文文每天也要上很多网课。在网络课堂接受老师一对一的辅导，这让文文觉得很烦躁。她觉得生活不应该只有学习，不喜欢每天都重复学习各种课程。她喜欢动植物，想出去游玩。有时她

会在休息的时候修剪家里的花草，和植物的接触能让她觉得比较放松，但爸爸妈妈认为她这样做是不务正业，认为成绩更为重要。文文很苦恼，前来求助。

【心理专家支招】

我们可以看到，案例中文文出现的困惑其实和家长的认知有关。家长应该明白，一个人的成长是多方面的，绝不仅仅是文化知识的增长。现在有太多家长仅仅关心孩子的学习成绩，而忽略了其他方面。家长可以思考从以下几个方面来改善。

1. 拓展视野，增加人生思考

一个人生活的广度决定他的视野宽度，旅行就是拓展生活广度的起点。旅行能带给孩子快乐，每到一个地方，感受广阔的视野，在旅途中思考与成长。当孩子看到的世界大了，他才能更加宽容、坦荡，以更加包容的心态来尊重彼此不同的文化和差异。

2. 学会在自然中放松身心

在节假日或者周末带孩子出去放松，帮助孩子做好劳逸结合。学习效率的提高最需要的是清醒敏捷的头脑，所以适当地带孩子外出郊游感受大自然，不仅仅是有好处的，更是必要的，是提高各项学习效率的基础。

3. 通过接触自然，获得更好的心理发展

接触自然生态环境较多的孩子，在此后会拥有更高的生活质量、更好的肺部健康和更合理的体质指数等。此外，与

自然的接触，对孩子认知的发展有益，同时还能激发孩子的创造能力和风险管理能力，改善他们的情绪状态，并使他们有能力应对可能出现的心理问题。

通过以上案例，我们可以意识到，与大自然接触不是一项娱乐活动，而是对我们的心理平衡和健康都至关重要的一件事情。不管是青少年自身，还是家长，都应该创造条件，增加与自然生态环境的交流。

四、阅读书籍，观看影视资料，认识和了解大自然

如果不能成为优秀的阅读家，就无法拥有真正的知识。阅读让我们的眼界更加开阔。可见，阅读是获取知识的重要来源。自然界存在许许多多的奥秘，我们还来不及一一去探索，唯有先通过书籍或影像去认识和了解。

【案例 71】书籍是我成长的阶梯

15 岁的男孩小龙喜欢理科知识，对生物学尤其感兴趣。疫情期间，小宇为了了解病毒的源头、传播途径、传染源等信息，在网上图书馆下载了很多的电子书籍。为了满足他的兴趣爱好，父母也常给他买相关的书籍，看相关的宣传纪录片。通过了解此次新冠肺炎疫情的相关知识，小龙丰富了自身的生物学知识，还发展了自己的兴趣爱好。父母为了能更好地帮助孩子成长，打来电话求助，看看还能给予小龙什么帮助。

【心理专家支招】

我们可以看到上面案例中，小龙的父母支持孩子广泛阅读书籍，这点很不错。家长还可以做哪些来鼓励孩子呢？我们来看一下。

1. 帮助孩子筛选读物，丰富对生态自然的理解

如今的社会是一个信息高度膨胀的社会。面对蜂拥而来的各式各样的信息，学会如何选择符合自己需要的并对自己有帮助的信息是非常有必要的。无论是看电视还是上网获取信息，阅读这种原始的、获取信息的方式始终都不应被摒弃，而应该得到应有的重视。

2. 利用各种资讯，增加青少年的人生阅历

青少年的人生阅历一般较浅，直接经验往往非常有限，但阅读却能让他们的间接经验得到有效的延伸。另外一方面，

阅读能够很好地培养孩子们的想象力和创造力。当今社会的信息来源渠道相当广泛，孩子们更喜欢从电视上或者网络上直接观赏视频等信息。这些集图像、音频等于一体的信息，会让孩子成为简单的消极受众，而不是信息的驾驭者。相反，阅读是通过文字的描述给孩子们提供一个很好的、发挥想象的空间，这让他们可以借助已有的文字信息进行再加工和再创作。

3. 帮助孩子树立正确的价值观

孩子们通过阅读一些优秀的作品，感受到这些作品传达出的一些普世的价值观，让他们认识到人应当具备善良、勇敢、诚实等优秀品格，这样有利于孩子们培养正确的世界观、人生观和价值观。

阅读之于人类的思想，正如河流之于生命、土壤之于禾苗、阳光之于花草。让我们行动起来，捧上一本自己喜爱的书籍，好好阅读起来！

在孩子成长的道路上，每一个做父母的心都是相同的，都希望自己的孩子身心健康、快乐！在高楼林立的城市里，孩子们习惯了各种人造设施、电子产品，常常忽略了城市之外的大自然，失去了他们本应有的快乐和天真！在这个“大自然缺失”的年代，记得常把孩子带出钢筋水泥的城市森林，到大自然中去。孩子的成长需要实实在在的感受和体验。在大自然的美妙画卷中，孩子获得的不仅仅是体力的锻炼、知识的积累，更多的是通过大自然的怀抱去感知与培养丰富的精神世界和美好的心灵！

五、从我做起，爱护大自然

与自然的关系是人类始终面临和需要解决的问题。当今，人与自然环境的关系出现了紧张和对立，整个生态系统不断受到破坏。由此，必须要建立人与自然和谐共处的新文明。为保障人与自然的和谐，保护生态平衡，除经济和法律手段外，还必须依靠道德的力量。青少年既是生态环境道德的重点教育对象，更是生态环境道德建设的积极推动者。广大青少年要率先行动，开风气之先，充分发挥生力军作用。青少年要率先珍爱生灵、节约资源、植绿护绿、抵制污染。

【案例 72】爱护自然生态环境，从我做起

小珍是一名 14 岁的女孩。疫情防控期间，她待在家里，查阅了很多相关资料，发现此次疫情与人类对大自然的过度索取有关。她对现在日益突出的环境安全问题很担忧，非常想趁着待在家的时间做点力所能及的事情来爱护环境，并且倡导周围的人和她一起行动，为保护自然贡献自己的力量。可是在具体实行方面，她不知道从何做起，觉得很困惑。

案例中的小珍已经有了良好的自然环保意识，这点非常好。面对孩子的困惑，我们要积极和孩子一起应对。

1. 协助孩子，制订计划

我们要理解孩子，可以协助孩子，甚至和孩子一起制订详细的实行计划。比如下表所示，帮助孩子进行分类，明确

自己可以做的行为。

珍爱生灵	平等对待自然界中的其他生命体，不随意损害它们，保持生态系统平衡。不践踏草木、不攀折花叶、不虐待小动物、不吃珍稀动植物等，这些都是珍爱生灵的举措。
节约资源	我们只有一个地球。地球上资源有限，生活在地球上的人却不断增长。节约粮食、节约用水、节约纸张、使用可再生的资源、分类回收废物等，这些都是节约资源的方法。
植绿护绿	没有森林和植被，便没有人类，没有地球上的绝大多数生命。多植一棵树、多种一片草、多养一盆花、多增加一些绿色，都是青少年应尽的义务。
抵制污染	不当的生产、生活行为会带来很大污染。不乱扔垃圾、不用或少用难降解和难再生的物品、不焚烧秸秆、制止污染等，都是抵制污染的途径。

2. 鼓励孩子，做好示范

家长应该积极鼓励孩子的行为，并且按照孩子制订的计划身体力行地做好示范，不打击孩子，理解孩子的行为，让孩子觉得自己的行为被鼓励、被接纳。

不论是家长，还是青少年，都要从自我做起，从日常生活做起，做好垃圾分类、节能减排等爱护自然生态环境的环保行为，树立践行生态环境道德的模范，鼓励青少年监督、抵制违背生态环境道德的行为，用小手牵动社会这个大手，让全社会都能从容应对生态自然的突发问题，全员都自发自觉地爱护自然生态环境。

附　录

疫情期间心理健康自评量表[1]

新冠肺炎疫情时刻牵动全国人民的心。虽然不是所有人都处于疫情一线，但此次疫情已经影响到我们生活和心理健康的方方面面。

近段时间，你是否处于这样的状态中：

时刻关注疫情最新信息，焦虑、坐立不安；

看着确诊人数增加，内心恐慌害怕，甚至失眠；

突然打喷嚏或咳嗽，会怀疑自己是否也被传染。

为了减少此次疫情带来的过度紧张、焦虑和恐惧，把我们的心理状态调整到健康的状态，壹心理研发团队研发出了针对此次新冠肺炎的《疫情心理健康自评量表》，从抑郁、恐惧、疑病、易怒、强迫和轻信6个维度，评估此次疫情中的你的心理状态。

适合自评的人群：此次疫情中感到心理不适的人；所有关心疫情、关注自己心理健康的人；不清楚自己现有状况是否超出正常范围的人。

测题答案没有对错之分！

[1] 转自人民网、人民好医生、壹心理测评研发团队，有部分删减和文字改动。

请根据你最近一个星期的实际情况选择最符合的选项。

分值 状态选项	完全不像我（0分）	不太像我（1分）	不清楚（2分）	有点像我（3分）	完全就是我（4分）
1.比平时更加积极地分享一些自己认为有用的或是感到触动的疫情相关信息					
2.不停地刷关于新冠肺炎的资讯，不及时了解疫情的最新进展就会坐立难安					
3.常常因为接收到过多的疫情信息，不知道应该相信哪些而产生迷茫的感觉					
4.出现与新冠肺炎相似的症状时，会忍不住怀疑自己是否被感染					
5.对什么都没有兴趣					
6.反复在家里进行消毒，把会触碰的东西都用酒精擦拭好几遍					

分值 状态选项	完全不像我（0分）	不太像我（1分）	不清楚（2分）	有点像我（3分）	完全就是我（4分）
7.关于疫情可怕的想象总是止不住地在脑海里出现（比如自己感染、疫情进一步扩散）					
8.疫情期间，会比平时吃更多的营养品、保健品，甚至是药物					
9.因为疫情，见到不戴口罩的人，就有深深的恐惧之感					
10.觉得闷闷不乐，情绪低沉					
11.觉得自己很没用					
12.看到身边的人怎么做也会跟着采取同样的防疫措施					
13. 看到身边有人不按要求做好防护，会觉得这些人不负责任，且应该受到惩罚					

状态选项 \ 分值	完全不像我（0分）	不太像我（1分）	不清楚（2分）	有点像我（3分）	完全就是我（4分）
14.看见或听到有人咳嗽、打喷嚏就紧张不已，害怕被病毒感染					
15.没有食欲，体重明显减轻					
16.每次看到疫情加重，就会想到那些导致当下情境的人，并为此感到愤怒					
17.容易相信一些后来被证伪疫情相关的谣言或信息					
18.如果身边人对疫情表现得大意或不在乎，会忍不住去批评或指责他们					
19.身体有点不适就怀疑自己是否感染新冠肺炎					
20.时时刻刻在注意自己的行为是否会有被感染的风险					

分值 状态选项	完全不像我（0分）	不太像我（1分）	不清楚（2分）	有点像我（3分）	完全就是我（4分）
21. 想到最近发生的种种事情，感觉怒气难忍					
22.想开窗通风，但又害怕病毒随风而入					
23.想去、甚至已经去过医院确认自己是否被感染					
24.一天内洗手次数频繁，但还是觉得双手不够干净					

一、计分规则：

本测验共24道题目，分为6个维度（疑病、易怒、强迫、轻信、抑郁、恐惧），每个维度四道题目（包含题目序号，见下方提示）。请将各题目的得分填入下表，并将每一个维度的总分计算出来。

	题号	题号	题号	题号	总分
疑病	4	8	19	23	
项目得分					
易怒	13	16	18	21	

项目得分					
强迫	2	6	7	24	
项目得分					
轻信	1	3	12	17	
项目得分					
抑郁	5	10	11	15	
项目得分					
恐惧	9	14	20	22	

总分为0—3分则没有症状；4—7分对应轻度症状；8—11分对应中度症状；12分及以上对应重度症状。

二、结果解释

（一）疑病

0—3 分：你对自己的身体健康状况保持着较为正常和适度的关注。你的身体没有明显的症状，不会盲目恐慌，担心自己患上了新冠肺炎。

4—7 分：你可能会对自身的健康有着略微紧张的关注。当自己出现了咳嗽、打喷嚏等现象时，你可能会先进行观察，还会有点怀疑自己是不是感染上了新冠肺炎，对此，你会表示有轻微的担忧。

8—11 分：你可能会比较担心和紧张自己的身体状况，并且会出现比较明显的忧虑。当你出现了咳嗽、打喷嚏、乏力、食欲下降时，你可能会比较容易产生自我怀疑，怀疑自己是不是感染上了新冠肺炎。并且，你可能会因此反复去网上搜索相关的信息进行查看。对比自身的状态，这些行为可能会加重你的担忧。

12分及以上：你对自身的健康状况有着过度的担忧。你会非常关注自己的身体状况，哪怕没有任何的症状，你也可能会反复检查自己的生理指标，如测量体温等。同时，当你身体出现了诸如咳嗽、打喷嚏、乏力、食欲下降时，你会非常怀疑自己，反复去搜索相关的症状信息，对比自身的状态，并且你还会反复回忆自己接触过了哪些人，从哪些地方可能有机会感染，而这些都会不断加重你的忧虑。

产生疑病的原因及影响

疑病从某种角度来说，是把疾病始终放在心上。

在新冠肺炎这种疫情面前，这是很正常的现象。因为这里面有着积极意义，这是关心自己的身体，对自己负责，也对身边的人负责的表现。只是这时候，你会把你的注意力高度集中在你的身体上，所以你对于自己身体的感受和反应会非常敏感。你会很容易捕捉到一些不适感，然后进行一定的放大，接着注意力就更加聚焦在这里，形成循环，更加难以脱离出来。所以当你出现症状的时候，你就会非常担心自己是否感染上新冠肺炎。就算这些症状可能跟诊断标准不太符合，你都会感到焦虑。你会不断查阅相关的信息，去跟自己进行对比，让自己“对号入座”。但是现在每天都充斥着太多的负面信息，如果你沉浸在这种负面信息里，你就会更加放大自己的不适感，产生更多的怀疑，形成更强烈的焦虑。你还会有一些闪回的画面，去回忆起自己曾经有哪些可能性导致自己感染。在这种反复回忆的过程中，你会对自己、对身边的人产生怀疑，从而出现很多不信任的表现。这个时候，你没办法转移自己的注意力，你会一直集中在自己的身体和症状上。这就有可能导致，就算你没有出现明显的症状，你都会在自己的怀疑和暗示中，慢慢感受到自己的“不适”，从而变得更加焦虑。你可能会想要去医院求助和确诊，甚至你已经在求助和确诊，但是就算是医生表明你没有感染，你可能也会不相信。你会辗转多家医院，直到得到你内心的答案为止。但是这个过程中，你很有可能会出现交叉感染。

对结果为 8 分以上朋友的建议

你最需要的是学会放松。这时候权威对你是没有效果的，你可能会比较难相信医生，就算医生跟你说没问题，你可能也不会相信。所以这时候，你所需要的只是学会如何接纳自己的行为，以及让自己得到转移和放松。

1. 使用催眠、正念等手段进行放松

首先先学会深呼吸，把注意力集中在自己的身体感受上，感受你自己身体的舒服和不舒服的地方，去形容这些感受，去寻找一些贴切的词，让这些感受得到表达。这时候，你就是把自己的不确定感，通过描述和感受变得确定起来。

2. 求助官方的问诊平台

出现症状而自己不确定时，可以查询问诊平台，避免交叉感染。有需要时，请及时就医。

3. 寻求转移注意力的最佳方法

你可以把注意力集中在你的兴趣爱好上，去寻求心流的状态，写字、看书、画画等等。通过进入心流的状态，你可以更好去感受当下，把注意力转移，这时候你会发现，有的症状就会消失了。这就可以把你的自我暗示给弱化了。

（二）易怒

0—3 分：你不会因为疫情期间他人的一些行为而产生比较气愤的情绪。就算看到他人没有认真对待疫情、没有做好个人卫生防护，你也并不会太过在意，并因此和他人产生冲突。

4—7 分：你偶尔会因为疫情期间他人的一些行为而感到愤怒，或是看到疫情的发展情况，或是看到他人没有认真做好卫生防护等。而这些愤怒情绪尚且在正常范围内，并没有影响到你的日常生活。

8—11 分：在此次疫情期间的你比较容易出现烦躁、易怒的情绪。有时候当你看到身边的亲朋好友没有按照要求做好卫生防护，或是不把当前的疫情当回事的时候，你会感觉有些生气，认为他们没有看清当前的严峻现状，拿自己的生命开玩笑。又或是在网络上看到一些疫区被感染人群的悲惨经历，这些都会让你感觉又悲又气，想要找人发泄一番。

12 分及以上：目前的你已经被此次疫情严重影响。近段时间，你很容易烦躁不安、总是容易被激怒。特别是当你看到身边的人不按要求严格做好卫生防护，或是不把当前的疫情当回事的时候，你就气不打一处来，情绪激动，恨不得和他人“理论”一番。又或是在网络上看到疫区被感染人群的悲惨遭遇，这些都会让你感觉悲愤难忍，不能保持平和的状态。

产生易怒的原因和影响

面对此次新冠肺炎，你比较容易产生愤怒的情绪。这可能是因为你内心的道德标准遭遇挑战。你或许认为非常时期每个人都应该严格做好防护，对自己负责，更是对他人负责；每个人都应该不信谣、不造谣；每个人都应该为这次疫情贡献力量，而不应该发国难财等。而当你看到身边的人不这么做时，你就会感到气愤，并用自己的道德标准去谴责他们。虽然这种情绪让你的心绪难得平静，但也表现出你个人对道德的追求。有时候这些生气情绪或许来自自己的亲人和朋友，这其中还掺杂了你对他们的关心，和他们不以为意时的无奈和气愤。同时，在此次突发公共卫生事件中，你的同理心容易被唤起。当你通过各种渠道看到那些遭遇不幸的人的经历，你的内心很可能会产生比较大的波澜。你会觉得很多人，包括你自己在内的生命遭到威胁是因为某个人或某些人的过错或失职，而大家都是在为他们的过错买单。特别是对于那些在不明情况下，不小心感染肺炎的人来说，则更加不公平。

这些都会让你容易因为自己了解的一点点信息或他人的一些行为而感到生气。

对结果为 8 分以上朋友的建议

1. 离开让你感觉生气的情境

对大多数人来说，愤怒都是情境性的。如果某时某地的某件事情惹你不高兴或让你愤怒，那么这种情感本身就和这种情境联系在一起。只要你继续待在那个让你生气的情境中，你就很可能会继续生气。如果你离开那种情境，就有可能出现相反的情况——你刚离开那种情境，你的愤怒就开始消退。离开愤怒的情境可以防止愤怒情绪对你的控制。如果你在网上看到那些令人气愤的消息，缓解你情绪的第一步就是立马放下手机，做点其他的事情来转移自己的注意力。

2. 合理表达愤怒

当你觉得自己已经控制了情绪，你就可以表达感受了。面对让自己生气、着急的亲人、朋友时，表达的要点是：真诚且不降低自己的原则。

（1）和对方说说哪些行为让你感到不满：“当你……（做出怎样的行为时）”；

（2）说出自己的感受：“我觉得……（我是什么感受 / 情绪）”；

（3）试着和对方分享你的期望：“我希望能这样，因为……”；

（4）表达你现在的需要并说明原因：“我请你（怎么

做……是因为……）”等。

3. 提高身边家人抵抗疫情的意识

通过官方、科学的渠道了解疫情及健康知识，例如《人民日报》、“丁香医生”平台等。当年纪比较大的家人不听劝阻时，可以用他们能接受的方式提高他们的防范意识。例如密切关注他们的行为，陪他们看新闻节目，让他们意识到事情的严重性。

（三）强迫

0—3分：你没有因为疫情的影响而产生强迫性行为，你正常的生活节奏并没有受到干扰。

4—7分：你的行为受到疫情的影响较低，并没有对你正常的生活节奏造成严重干扰。

8—11分：你的行为受到疫情一定程度的影响，已经对你产生一定程度的困扰。

12分及以上：目前你的行为受到疫情的影响很大，甚至已经妨碍到你维持正常的生活节奏。具体表现可能有：不停地刷微博、朋友圈、电视报道以获得最新的疫情报道；防疫上过度激进，比如对手机、门把手等物件一天用酒精消毒好几次、过度洗手甚至出现脱皮现象；时刻忧虑自己是否曾暴露在病毒环境中。这些表现在你外出或与他人接触后更为明显。你现在因一些焦虑的想法而受到影响，已经超过了你能控制的程度，如果不这么做的话，你就会觉得自己受到感染。

产生强迫的原因及影响

面对新冠肺炎这种突发性的公共卫生事件，在公众对其缺乏了解，并短时间出现密集的负面信息的情况下，群体容易产生应激性的反应。强迫行为就是其中的一种表现形式。

就这次新冠肺炎事件来看，它显然已经超过了你的掌控范围，并且当前人们对它还没有百分百的了解。你不是专业的从业员，因此，你把心中的焦虑转移到你能控制的事情上，祈求自己只要做到最充足的防护，那么这种不可控的事情就不会发生到自己身上。同时或许本身你就属于容易引发强迫的人群。有研究显示，父母对强迫人格特征具有一定的遗传性，而这次事件则是加重了你的表现程度。

对结果为 8 分以上朋友的建议

如果你已经察觉到自己的强迫行为，可以试试通过以下方式来缓解。

1. 首先要明白，当前你的强迫行为是一种应激反应，大部分的情况下是能够自愈的，不必因此而过分担忧。

2. 反应预防法

当你又感觉到这种强烈的情绪促使你再一次去洗手、刷信息的时候，尝试学会和这些想法保持一定的距离，而不是纠缠其中。这时候你可以安静地躺下，什么都不做，但也不必要为了战胜它而苦恼。你会发现，只是不做无谓的抵抗，把自己暴露在情绪中，这时的感觉反而会逐渐变得迟钝。熟练了之后，它对你的影响将会越来越低。

3. 想象练习

这些激进的防疫行为，其实是内心的一种不合理信念。当它再度来袭时，在脑海里设想出一个画面，让那些不合理的想法远离自身。比如想象自己平躺在草坪上，天空飘过的云朵是你各种各样的思绪。你安静地躺着，任由它们在天空中飘荡，与你没有任何关系。

4. 寻求专业帮助

如果通过自我调整后情况还不能得到缓解，请向心理专家寻求帮助，让他们通过专业的指导对你的心理状态进行干预。

（四）轻信

0—3 分：在目前阶段，你依然能够保持冷静，对庞杂的外来信息进行分辨，做出理性的判断和选择。近日里来自朋友圈、微博、电视报道等各种媒体渠道的大量相关报道或许也会让你有一种“信息过载”的感觉，但你能够尽量控制自己的关注点，不让自己过分沉溺于“爆炸式”的信息流中。虽然一些转发量高、煽动性强却无法验证真伪的信息依然会让你感到困扰和担忧，但在这个时候保持理性的思考有利于缓解你的焦虑情绪，也能够帮助阻断不实信息的进一步传播和扩散。

4—7 分：你偶尔会有一种“信息过载”的感觉，来自朋友圈、微博、电视报道等各种媒体渠道的大量相关报道占据了你的视线，而你则需要不停地接收和处理这些源源不断的外来信息。或许你已经尽可能地让自己保持冷静的思考，尽量做出理性的判断以及其他的后续行动。但内心的焦虑、不安依旧会扰乱你的视线，让你比平时更容易被一些转发量高、煽动性强却无法验证真伪的信息所干扰，加重你的心理压力和负性情绪。

8—11 分：在目前阶段，你有时候会感受到自己正处于一种“信息过载”的状态中，来自朋友圈、微博、电视报道等各种媒体渠道的大量相关报道充斥着你的视线。而在你需要接收和处理这些源源不断的外来信息时，你可能会比平时更容易相信一些转发量高、煽动性强却无法验证真伪的信息，因为庞大的信息量让你难以保持平日里理性的思考和判断，而内心的担忧和不安也会促使你对一些不实信息加以传播，在一定程度上加重自身和他人的负性情绪，甚至会引发一些非理性的行为。

12 分及以上：在目前阶段，你很可能会感受到自己每天都处于一种“信息过载”的状态中，来自朋友圈、微博、电视报道等各种媒体渠道的大量相关报道占满了你的视线，而你则需要不停地接收和处理这些源源不断的外来信息。这时，你会发现自己已经没有多余的心力去判断你所获得的信息是否是真实有效的。所以，你会比平时更容易相信一些转发量高、煽动性强却无法验证真伪的信息，而内心的担忧和不安也会促使你对一些不实信息加以传播，加重了自身和他人的负性情绪，甚至会导致一些非理性的行为。

产生轻信的原因和影响

对外部信息的轻信源于你对于目前生活状况的强烈无力感。

自疫情暴发后，我们仿佛每日都浸泡在“负面信息”的海洋里——相关人数的不断增长、医疗资源的紧缺、来自社会各界的求助等等，这些信息都在不断侵蚀着我们的理智。我们每一个人都太渴望这次的事件能够尽快结束，但作为普通人，我们好像终于在现实面前意识到自己的渺小和无力，突然发现仅仅依靠自己，我们是无法处理、甚至无法完全接受这种“困境”的。所以我们会下意识地选择依靠外部的力量。这时候任何来自外部的信息都会让我们感受到自己不是孤立无援，总有人跟我们在一起。这种共同面对的感觉让我们暂时选择性地忽略，或是跳过了对信息的判断过程，我们太希望接受他人的帮助，即便是一些信息上的共通，都能减轻心中的无力感。

面对突然暴发的疫情，我们心中积压了许多无处宣泄的恐慌、担忧、不安和怀疑，在这样多的情绪堆积和信息轰炸之下，我们已经没有更多的认知容量去对所接收的信息做出准确的甄别。我们不是专业的医务工作者，我们有很多的未知，对很多信息的不确定等。而这时候，对于一些可能有用的信息进行转发和扩散，可以成为我们情绪宣泄的方式，也能够在某种程度上给予我们自身一些安慰，让我们觉得自己正在为这个社会做出一点点贡献，我们正在尽自己的一点力量唤起更多人的关注，让更多有能力的人能够伸出援手。

但是，对于外部信息的过分依赖和不加判断的接收，会使得你在庞杂的信息洪流中偏听偏信，只片面关注到事情的一部分真相，或完全忽略了真正有用的信息——很多时候我们发现自己相信了“谣言”，这也正是因为我们对于与此次疫情相关的信息太过紧张焦虑，丢失了基本的判断能力。而对一些具有煽动性、恐慌性的不实信息加以关注和扩散，不但会加重自身的负性情绪、触发非理性的行为，同时，也会对那些关注你、相信你的人造成心理、甚至生理上的负面影响。

对结果为 8 分以上朋友的建议

如何科学防疫：

1. 控制对疫情相关信息的关注时间

尝试分散自己的注意力，不需要每时每刻、不停地对已有信息进行更新。过多地关注负面信息会加重你的恐慌感和焦虑情绪，增加你的思维负担，扰乱你的理性思考，阻碍你对信息做出正确的甄别。

2. 避免站在道德制高点对他人进行指责和谩骂

任何事情都有它的两面性，我们需要在全面了解信息之后，再决定自己应该有怎样的后续行为。时刻保持对他人的尊重。人要学会对自己的言行负责。

3. 对官方信息保持信心

在信息杂乱且真假难辨的时刻，与其去相信无法证实的小道消息，给自己增加恐慌、愤怒等负性情绪，我们更应该选择相信官方媒体发布的数据信息，以及经过官方或专业医务工作者、科学家认证过的防疫信息。

（五）抑郁

0—3 分：非常庆幸，虽然这段时间里主动或被动地接收到不少负面的、令人不愉快的信息，你的情绪几乎没有受到疫情的影响而变得沮丧、低落。

4—7 分：从测试的结果来看，你的情绪受到了疫情一定的负面影响。虽然有时你会体验到一定的沮丧、伤心的情绪，但情况比较轻微。

8—11 分：你的情绪受到了疫情的负面影响，虽然情况并不算严重，但较多的时间里，你感觉到沮丧、伤心、悲观的情绪，比较容易感觉疲劳、提不起劲。对于疫情和未来，你并不太乐观，难免有些忧心忡忡。

12 分及以上：你的情绪受到了疫情较大的负面影响，你很容易提不起劲，哪怕是平时喜欢做的事情似乎也提不起兴趣，同时可能还会体验到较强烈的无意义和无价值感，悲观而失去希望。

产生抑郁的原因和影响

新冠肺炎疫情突发这段时间里，负面的、令人不愉快的信息冲击着你的生活，让你产生了较为强烈的应激反应。接收到的信息过于消极，对疫情过于担心焦虑，这些都给你自己施加了较大的压力，难以从消极情绪中抽离。另外，这也可能因为你本身就比较容易消极悲观，从而比其他积极乐观的人更容易体验到抑郁的情绪。

对结果为 8 分以上朋友的建议

疫情之下所产生的抑郁情绪，通常只是暂时并且可以自愈的。想要更好地缓解负性情绪，摆脱疫情所带来的消极影响，不妨：

1. 停止过度关注疫情

一旦发现自己在不停地刷微博、朋友圈，查看或转发疫情新闻时，请及时放下手机。

2. 找到合理宣泄压抑的负性情绪的方法

（1）书写性表达，将负性情绪诉诸文字；

（2）看一部喜剧电影，开怀大笑一番；

（3）在阳台或天台晒晒太阳。

3. 建立社会支持系统

建立社会支持系统。与家人或朋友倾诉自己的担忧，让自己的担忧和焦虑得到一种新的表达和接纳。

（六）恐惧

0—3 分：你目前没有陷入恐惧情绪中。对你来说，一切都处在可控的范围内，你的生活保持着和以往差不多的节奏。你不会因为疫情的事情而提心吊胆、坐立难安，也不会对自己和家人的健康过度担忧。

4—7 分：你目前陷入轻微的恐惧情绪中。虽然你认为大多数时候都处在可控的范围内，自己的生活节奏也和以往相差不大，但偶尔看到严重的报道、听到身边出现的病例，或者在公开场所中有人出现了一些症状，你依然会有些提心吊胆，为自己和家人的健康而担忧。

8—11 分：你目前正在被一些恐惧情绪所困扰。你可能会时不时担心自己和家人的身体健康。有人打喷嚏、咳嗽就立即关注，甚至遇到不戴口罩的人会下意识拉开距离；尽量不进入人员密集的场所，担心自己稍不注意就有被感染的风险。

12 分及以上：你目前非常恐惧、担忧，并可能已经影响到你的正常生活。你也许十分担心自己和家人的健康，一有人打喷嚏、咳嗽就非常紧张，遇到不戴口罩的人会躲避；害怕进入人员密集的场所，十分关注被感染的风险。甚至你有可能为了让自己安心，会囤积大量的生活物资和消毒用品。

产生恐惧的原因和影响

恐惧是人与动物与生俱来的本能，这可能是因为你对病毒在传播性和致死性上的未知而出现短暂的焦虑和恐惧，总担心新冠肺炎会降临到自己或家人身上。对未来的悲观预期，甚至对自己能做的感到不知所措和不确定，这种情况令自己很难放松。

也有可能大量的感染病例和死亡数据、过多的防控信息、口罩的疯抢和断货，以及网络和人际间传播的严重负性情绪，使你产生了情绪上的应激反应。过度解读一些讯息也会使你更加敏感。此外，性格偏胆小、害羞、依赖性强和内向的人，更易受外界信息的影响，产生恐惧情绪。

如果当下你的身体有不适感，如感冒、头痛，也会不自主地往新冠肺炎方向怀疑，加重自己的恐慌。

适度的恐惧可以促使你主动采取更多的措施来保护自己，但如果已经过度应激，其实会让你的注意力更多集中在负面信息和情绪上，导致难以转换思维，消耗自身的心理和生理能量，出现更多不够理性的行为。

对结果为 8 分以上朋友的建议

除了采取正确的防疫措施，还需正确认识到，疫情暴发时期产生一些恐惧心理在情理之中，只要合理应对、不过度解读，让自己经常保持积极的态度，并时刻关注家人的身心健康，传播正向的信息，这种负面的情绪就会慢慢消散。

中国中学生心理健康量表测试

姓名____ 性别____ 班级____ 年龄____ 日期____

指导语：该量表是为了了解同学们的问题和困惑，以便日后更好地开展心理健康教育工作，促进同学们的健康成长。个人的测试结果心理老师会绝对保密，不要有任何顾虑。

下面是有关你近十天来心理状态的一些问题。请仔细阅读每一道题目，然后根据自己的实际情况认真回答，每道题目没有好坏对错之分。请你尽快回答，不要在每道题上过多思考。每个题目后面都有五个等级供你选择，分别用 1、2、3、4、5 来表示：

1. 无 2. 偶尔 3. 有时 4. 经常 5. 总是

注意：1. 每个题目只能选择一个等级，在相应的数字上画圈；

2. 每个题目都要回答，不要遗漏；

3. 答完题后，请你认真检查一遍有没有漏项。如果有漏项，请补上；如果有题目选择了两个等级的，请更正。

	无	偶尔	有时	经常	总是
1.不喜欢参加学校的课外活动	1	2	3	4	5
2.心情时好时坏	1	2	3	4	5
3.做作业必须反复检查	1	2	3	4	5
4.感到别人对我不友好、不喜欢我	1	2	3	4	5
5.感到苦闷	1	2	3	4	5
6.感到紧张或容易紧张	1	2	3	4	5
7.学习劲头时高时低	1	2	3	4	5
8.对现在的学校生活感到不适应	1	2	3	4	5
9.看不惯现在的社会风气	1	2	3	4	5
10.为确保准确，做事必须做得很慢	1	2	3	4	5
11.想法总与别人不一样	1	2	3	4	5
12.总担心自己的衣服是否整齐	1	2	3	4	5
13.容易哭泣	1	2	3	4	5
14.感到没有前途、没有希望	1	2	3	4	5
15.感到坐立不安、心神不定	1	2	3	4	5
16.经常责怪自己	1	2	3	4	5
17.当别人看我或议论我时，我感到不自在	1	2	3	4	5
18.感到别人不理解我、不同情我	1	2	3	4	5
19.常发脾气，想控制但控制不住	1	2	3	4	5
20.觉得别人想占我的便宜	1	2	3	4	5
21.大叫或摔东西	1	2	3	4	5
22.总在想一些不必要的事情	1	2	3	4	5
23.必须反复洗手或反复数数	1	2	3	4	5
24.总感到有人在背后议论我	1	2	3	4	5
25.时常与人争论抬杠	1	2	3	4	5
26.觉得大多数人都不可信任	1	2	3	4	5
27.做作业的热情忽高忽低	1	2	3	4	5
28.同学考试成绩比我高，我感到难过	1	2	3	4	5

	无	偶尔	有时	经常	总是
29.不适应老师的教学方法	1	2	3	4	5
30.老师对我不公平	1	2	3	4	5
31.感到学习负担很重	1	2	3	4	5
32.对同学忽冷忽热	1	2	3	4	5
33.上课时总担心老师会提问自己	1	2	3	4	5
34.无缘无故地突然感到害怕	1	2	3	4	5
35.对老师时而亲近、时而疏远	1	2	3	4	5
36.一听说要考试心里就感到紧张	1	2	3	4	5
37.别的同学穿戴比我好、比我有钱，我感到不舒服	1	2	3	4	5
38.讨厌做作业	1	2	3	4	5
39.家里的环境干扰我学习	1	2	3	4	5
40.讨厌上学	1	2	3	4	5
41.不喜欢班里的风气	1	2	3	4	5
42.父母对我不公平	1	2	3	4	5
43.感到心里烦躁	1	2	3	4	5
44.常常无精打采、提不起劲来	1	2	3	4	5
45.感情容易受到别人的伤害	1	2	3	4	5
46.觉得心里不踏实	1	2	3	4	5
47.别人对我的表现评价不当	1	2	3	4	5
48.明知担心没用，但总害怕考不好	1	2	3	4	5
49.总觉得别人在跟我作对	1	2	3	4	5
50.容易激动和烦恼	1	2	3	4	5
51.同异性在一起时感到害羞、不自在	1	2	3	4	5
52.有想伤害他人或打人的冲动	1	2	3	4	5
53.对父母时而亲热时而冷淡	1	2	3	4	5
54.对比我强的同学并不服气	1	2	3	4	5
55.讨厌考试	1	2	3	4	5

	无	偶尔	有时	经常	总是
56.心里总觉得有事	1	2	3	4	5
57.经常有自杀的念头	1	2	3	4	5
58.有想摔东西的冲动	1	2	3	4	5
59.要求别人十全十美	1	2	3	4	5
60.同学考试成绩比我高，但能力并不比我强	1	2	3	4	5

计分表：

1. 请分别对照各个量表的题号记下每道题的得分，并计算出各个分量表的总分与均分；

2. 最后将 10 个分量表的总分相加得出整个量表的总分，将该总分除以 60 得到整个分量表的均分。

	题号	题号	题号	题号	题号	题号	分量表总分	分量表均分
分量表一	3	10	12	22	23	48		
项目得分								
分量表二	11	20	24	26	47	49		
项目得分								
分量表三	19	21	25	50	52	58		
项目得分								
分量表四	4	17	18	45	51	59		
项目得分								
分量表五	5	13	14	16	44	57		
项目得分								
分量表六	6	15	34	43	46	56		
项目得分								
分量表七	31	33	36	38	40	55		
项目得分								

	题号	题号	题号	题号	题号	题号	分量表总分	分量表均分
分量表八	1	8	9	29	39	41		
项目得分								
分量表九	2	7	27	32	35	53		
项目得分								
分量表十	28	30	37	42	54	60		
量表总分：								
量表总均分：								

中国中学生心理健康自评量表共60项，各因子所包括的项目如下：

（1）强迫症状：该因子反映受试者做作业必须反复检查、反复数数，总在想一些不必要的事情，总害怕考试成绩不好等强迫症状。

（2）偏执：该因子反映受试者觉得别人占自己便宜，别人在背后议论自己，对多数人不信任，别人对自己评价不当，别人跟自己作对等偏执问题。

（3）敌对：该因子反映受试者控制不住自己脾气，经常与别人争论，容易激动，有摔东西的冲动等。

（4）人际关系紧张与敏感：该因子反映受试者认为别人不理解自己，别人对自己不友好，感情容易受到别人伤害，对别人求全责备，同异性在一起时感到不自在等问题。

（5）抑郁：该因子反映受试者感到生活单调，感到自己没有前途，容易哭泣，责备自己，无精打采等问题。

（6）焦虑：该因子反映受试者感到紧张，心神不定，无缘无故的害怕，心里烦躁，心里不踏实等问题。

（7）学习压力：该因子反映受试者感到学习负担重，怕老师提问，讨厌做作业，讨厌上学，害怕和讨厌考试等问题。

（8）适应不良：该因子反映受试者对学校生活不适应，不愿参加课外活动，不适应老师教学方法，不适应家里学习环境等问题。

（9）情绪不平衡：该因子反映受试者情绪不稳定，有抱怨情绪，学习成绩忽高忽低等问题。

（10）心理不平衡：该因子反映受试者感到老师和父母对自己不公平，对同学比自己成绩好而难过和不服气等问题。

中小学生学习动机自测问卷

姓名____ 性别____ 班级____ 年龄____ 日期____

本问卷用于了解中小学生在学习动机、学习兴趣、学习目标制订上是否存在行为困扰，共由20道题构成。测验时，请仔细阅读问卷中的每一道题，并与自己的实际情况相对照。若觉得相符合，就在题目括号画“√”，不相符则画“×”。

对下列题目做出“√”或“×”的回答。

1. 如果别人不督促我，我极少主动地学习。（ ）
2. 当我读书时，需要很长时间才能提起精神来。（ ）
3. 我一读书就觉得疲劳与厌烦，只想睡觉。（ ）
4. 除了老师指定的作业外，我不想多看书。（ ）
5. 如果有不懂的地方，我根本不想弄懂它。（ ）
6. 我常为短时间内成绩没能提高而烦恼不已。（ ）
7. 我常想自己不用花太多时间，成绩也会超过别人。（ ）
8. 我迫切希望在短时间内就能大幅度提高自己的学习成绩。（ ）

9. 为了及时完成某项作业，我宁愿废寝忘食、通宵达旦。（ ）

10. 为了学好功课，我放弃了许多感兴趣的活动，如体育锻炼、看电影、郊游等。（ ）

11. 我觉得读书没有意义，想去找个工作做。（ ）

12. 我常认为课本上的基础知识没啥好学的，只有高深的理论、长篇作品才带劲。（ ）

13. 只在我喜欢的科目上狠下功夫，而对不喜欢的科目放任自流。（ ）

14. 我花在课外读物上的时间比花在教科书上的时间要多。（ ）

15. 我把自己的时间平均分配在各科目上。（ ）

16. 我给自己定下的学习目标，多数因做不到而放弃。（ ）

17. 我几乎毫不费力就能实现自己的学习目标。（ ）

18. 我总是能为同时实现几个学习目标忙得焦头烂额。（ ）

19. 为了完成每天的学习任务，我已经感到力不从心了。（ ）

20. 为了实现一个大的目标，我不再给自己制定循序渐进的小目标。（ ）

计分及解释：

上述20个题目可以分为四组，分别测查学生在学习欲望上四个方面的困扰程度。

1.1—5 题测查学习动机是不是太弱。

2.6—10 题测查学习动机是不是太强。

3.11—15 题测查学习兴趣是否存在困扰。

4.16—20 题测查学习目标上是否存在困扰。

假如受试者对某组中的大多数题目持认同的态度，则说明受试者在相应的学习欲望上存在一些不够正确的认识，或存在一定程度的困扰。

选“√”记 1 分，选“×”记 0 分，将总分相加。

0—5 分：说明学习动机上有少许问题，必要时可调整。

6—13 分：说明学习动机上有一定问题和困扰，可调整。

14—20 分：说明学习动机上有严重问题和困扰，必须调整。